刘　凝◎主编
邱彩霞◎编著

THE LAW YOU CAN'T IGNORE

道路交通纠纷 发生在你身边的99个真实案例

不该忽略的法律常识

生活中那些你不该忽略的法律常识，
懂了它们让你有法在手，心中不慌，少走弯路。

中国法制出版社
CHINA LEGAL PUBLISHING HOUSE

PREFACE | 前言

为您解决问题的一套书

做律师20多年来，我们每天都在为客户做咨询，就像医生问诊一样。而客户咨询法律问题其实也和患者看病差不多，虽然每个人的情况都不一样，但是按专业分大体上也就那么几类，解决方案也都差不多。想到大多数人其实并没有那么方便可以随时找到信任的律师咨询，我们就想为公众出一些法律普及读物，像市面上的保健读物，虽然不能完全达到去医院看病的效果，但至少有个基本的概念，不至于犯太大的错误。

从2004年出版第一套普法丛书至今，这类法律普及读本已经出版了10余套，100多本了。法律毕竟是一门专业，法学专业的大学生至少要学习四年才算入门，现在起码要读到硕士毕业才有资格从事法律专业工作。要让完全没有专业基础的公众通过读一本小册子就能大概了解相关内容，其实并不容易。10年来，我们绞尽脑汁、费尽心力，一会儿用漫画、一会儿用案例、一会儿用编剧的方式来为大家解读法律，就是为了让大家能够用最快的速度，了解自己想要了解的法律知识。其间，我们也收到了读者的各种反馈，再不断地加以改进，就有了摆在您面前的这套“不该忽略的法律常识”系列丛书。

在这些年的探索过程中我们发现，大家理解法律知识最好的方式就是看和自己情况类似的案例，这些案例本身就是很好看的故事，即使您只是没事儿翻翻，也会感到阅读的乐趣。如果您确实碰到了法律问题，看看和自己相同的情况，很容易就能知道该怎么做，这比告诉您生硬的法律规定要直观得多，说到这儿您也许会问，你怎么知道我的情况会和书里说的一样呢？这您就要了解了解我们的故事了。

2006年，我们北京市易行律师事务所依托北京电视台《法治进行时》栏目做了一个免费法律咨询热线，平均每天要回答800多个公众咨询的法律问题，也就是每年要回答近30万个法律问题。与此同时，我们的100余名律师每年要受理3000多件案件。您可以想象8年来我们积累了多少经验。

法律和医学是如此相似，正如公众的身体问题绝大多数是常见病、多发病一样，大家遇到的法律问题大体相似，绝大多数都有简单的解决方案。我们的工作就是找出您最想了解的法律知识，用最容易理解的方式向您解释清楚。这套丛书中的案例和问题都是从我们积累的案例和咨询问题中精心挑选的，所以您放心，一定会找到和您情况相似的案例和问题。

当然，无论多么平实易懂，还是会有您不明白的问题，这时您可以拨打我们的免费法律咨询热线：010-51293316，我们的律师一定会给您满意的答复，而且完全免费。总之，您看到我们、找到我们，就一定会让您满意！

刘　凝

CONTENTS | 目录

第一章 交通纠纷处理那些事儿

第二章　交通纠纷认定那些事儿

第三章 交通纠纷赔偿那些事儿

第四章 交通纠纷保险理赔那些事儿

第五章 交通纠纷诉讼证据那些事儿

第六章 附录

第一章　交通纠纷处理那些事儿

精品普法剧

惊 魂

农历七月十五，霾。中元节，宜祭祀，忌出行。

山城职业技术学院，机动车与自动化专业，俗称：汽修班。

由于雾霾的原因，太阳似乎也难以照进自动化实验大楼。二年级学生宋茂坤皱着眉，伫立在走廊的窗前，手机天气预报显示：PM2.5浓度444。宋茂坤心里暗骂着："又要爆表的节奏，这鬼天气！"今天他们班有发动机维修实验课，内容是分解机动车发动机，了解内部构造。宋茂坤是第一个走进实验大楼的，由于时间还早，楼内鲜有人走动，皮鞋后跟摩擦着的陈旧木质地板，走廊内响起难听的刺啦刺啦的回声……来到104实验室的门口，他刚要推门进入，却突然听到室内传来一声凄惨的叫声，他犹豫了一下，但还是鼓足勇气推开了实验室的大门，一股淡淡的血腥味，扑鼻而来。而实验室内却空无一人，只有一个锈迹斑斑的发动机，摆在实验桌的正中央，有些刺眼的日光灯照在发动机上面，反射出的暗红色光泽，显得很诡异。"难道刚才的凄惨叫声，是自己的错觉？"走到实验桌前的宋茂坤，质问着自己。

“哇噻，老宋，你是刚从外面网吧刷夜回来吗？竟然第一个来到实验室？”宋茂坤被身后这冷不丁的一句话，又吓了一跳，转过身来一看，原来是班上的学习委员赵大鹏，手里拎着两个工具箱，随手放在了讲台旁边。

宋茂坤：“我说大鹏，你小子进来之前，就不能敲个门啥的？人吓人，吓死人啊！”

赵大鹏：“实验室好比教室，又不是寝室，现在还没到上课时间，敲啥门啊。”

宋茂坤：“算了，不跟你瞎扯了，我问你，刚才你有没有听到什么异样的声音？”

赵大鹏：“异样的声音？我说老宋，你是不是又刷了一晚上的《魔兽世界》，精神恍惚着呢吧，哪有什么异样的声音啊。”

宋茂坤：“别逗！我是听说今天咱们有很重要的发动机实验课，所以特意起了个大早，话说我已经戒网很多年了。”

赵大鹏：“行啊，老宋，浪子回头金不换，看来上次考试让你挂科，是给你敲响了警钟啊！”

宋茂坤：“大鹏，刚才你就真的没听到什么异样的声音？”

赵大鹏嘿嘿地笑了起来，略显阴森地说：“你不会也听到发动机里面传出的惨叫声了吧？”

宋茂坤：“哇噻，原来你真的也听到了啊，我不确定是从哪里传来的声音，因为我是从门外听到的，但开了门之后，却什么动静都没了。”

赵大鹏：“你想不想知道，这台发动机的来历？”

宋茂坤：“能有啥来历？不就是个旧发动机吗？”

赵大鹏：“咱们市年初的省道交通大案，还记得吗？一辆省际高速客车撞上了无牌运输危险化学品的小货车，两辆车瞬间爆燃，车上人员无一幸免。”

宋茂坤：“知道啊，当时还组织咱们上交通法制课呢，但跟这个发动机有什么关系？难道是……”

赵大鹏：“算你小子还有点记性，我听咱们系主任说，这台发动机，就是那小货车上面的，你说说，那场车祸死了那么多人，这发动机得是多邪门？”

宋茂坤：“大鹏，你快别跟我瞎扯了，整的跟真事儿似的，那么重要的东西，怎么可能落到咱们这儿来。”

赵大鹏：“我不会骗你的。”

此时的实验室，已经有很多同学陆陆续续地进来了，他们二人的谈话，也被别的同学听到了，“邪门发动机”瞬间在同学间传扬开来，你一言我一语的，变化出好多版本来。原本一场很重要的发动机实验课，变成了“惊悚故事专场”，大家的注意力被故事分散了，这让讲师陈竞志很不满意，下课后还专门就这件事，找赵大鹏谈了话，这让赵大鹏很是郁闷。

陈竞志：“我说赵大鹏，你这学习委员还想不想干了，不想干了趁早跟我说。”

赵大鹏小声嘀咕道：“我这学习委员是同学们投票选举的，也不是你一个人说了算的。”

陈竞志：“你说什么！大点声音，别磨磨叽叽的。”

赵大鹏：“我……我……我说的都是事实，这发动机本来就透着股邪门气。”

陈竞志：“行了，行了，没看出你小小年纪，还挺迷信，回去写个检讨，明天交到我办公室来。”

赵大鹏：“发动机里面传出凄惨的叫声，除了宋茂坤之外，别人也听到过。”

陈竞志：“赵同学，你得注意你自己的态度，不信谣，不传谣，不造谣，这是咱们学校开会三令五申的。”

赵大鹏与讲师陈竞志的谈话，在话不投机半句多的氛围中草草结束了，赵大鹏一个人生着闷气，回到了201寝室。寝室里一个男生正聚精会神地打着游戏，嘴里喊着："兄弟们，给我冲，冲，冲，拿下沙巴克，拿下沙巴克，欧耶，终于攻下沙巴克，沙巴克是我们的了。"紧张刺激的城战，伴随着肾上腺素的飙升，那男生身上被汗水湿透，随手拿起放在旁边的毛巾往脸上擦了一把，随即大喊道："怎么一股臭豆腐味啊，谁的臭豆腐洒在我毛巾上了吧。"旁边正在吃泡面的周文斌附和道："谁藏私货了？我就爱吃臭豆腐，赶紧给我来点。"原本很郁闷的赵大鹏看到此情此景，早就把刚才的事忘到九霄云外了，哈哈大笑道："今天中午，我看见老宋拿你毛巾擦脚来着。"一秒钟之后，寝室中的所有人瞬间爆笑起来，笑声一直传到了走廊里。打游戏的男生叫敖寒，叫骂道："宋茂坤，这小子脑子有病啊。"说完就拿起洗脸盆准备去水房洗漱，去去臭味。还没等敖寒出门，宋茂坤就从门外拎着球鞋进来，在寝室里喊道："谁这么挂念我，从门外大老远就听到有人喊我的大名。"进来之后，看见怒气未消的敖寒，正瞪着自己，满脸赔笑地说："我把咱俩的毛巾弄混了，我的是绿色的，你的是蓝色的，我是色盲，我是色盲。""绿色和蓝色你分不清？我看你小子就是故意的。"敖寒说着，就要冲过来捶打宋茂坤。引得旁边的室友，又是一阵哄笑。

敖寒捶打完宋茂坤后，拿着洗脸盆径直奔向水房，其他人有的玩手机，有的听歌，有的看小说，寝室又恢复了往日的平静。这时，有人敲门进来，坐在上铺的宋茂坤低头一看，原来是对面202寝室的杨东，宋茂坤一看是他来了，立刻来了精神了，冲着他吆喝道，杨大脑袋，今天有什么新鲜事没有？杨东没理他，奔着墙边桌子底下的暖壶，连着打开了四个暖壶，里面竟然都是空的，冲着宋茂坤大声道："老宋，我说你们寝室这帮货，怎么都这么懒啊，连点开水都没有。"宋茂坤："要开水啊，来、来，我现在就给你造一壶。”杨东坏笑道：“不跟你瞎扯了，对了，你们听说了吗，今天可是中元节，晚上没事别一个人出去瞎转悠。”“中原节？是啥节？咱们中原这儿过的节？”宋茂坤好奇地问。“唉……我就说网游害人，网游坑人吧，你说你连中元节都不知道，大好青年，都被网游给毒害成这样了！”杨东不无叹息地冲宋茂坤感叹道。“杨大脑袋，你找揍是不，少在这装大尾巴狼。”宋茂坤说着就要从上铺跳下来，捶打杨东。“行，行，看在你老宋这么谦虚好学的劲头上，我姑且就给你上一课，让你长长见识。”杨东笑道。“中元节，就是鬼节，据说是鬼门关大开的日子，各路在下面遭罪的鬼魂，都在今晚跑到阳间来，所以阳间的人，在今晚都是紧闭门户，不敢出来走动，要是魂被勾走就麻烦了，所以说今天邪门得很。”杨东向宋茂坤娓娓道来。“我说今天白天，怎么放那台死过人的发动机的实验室门外，听到有人惨叫呢，原来鬼节真的这么邪。”宋茂坤面色夸张地又说起了今天早上发生的怪事。杨东嗖地一下踩着下铺的梯子，就蹦到了宋茂坤的床上。“吓死我了，你怎么比鬼还吓人，直接飞上来了。”宋茂坤往旁边挪了挪，冲着杨东鄙视道。杨东呵呵地笑道：“我今天就是过来问这事儿的，真有这么邪门？我们班明天也要上发动机实验课，弄得我都不敢去上这节课了。”“必须是真的啊，不信你问问大鹏啊。”宋茂坤冲着对面下铺的赵大鹏说道。不提这件事还好，一提这件事，赵大鹏就气不打一处来，没好气地道：“老宋，今天都怪你，弄得我被陈竞志在办公室训了一顿，还说我造谣、传谣、搞封建迷信活动。”宋茂坤故作神秘道：“听说其他人也听过这蹊跷的声音？”谁知在这个时候，寝室灯突然灭了，这时候，一直没怎么说话的周文斌颤颤地说道：“这灯熄的真是时候。”说着随手就将刚充完电的应急灯开关打开，递给对面的赵大鹏，赵大鹏将应急灯摆在了靠墙的桌子上，暖黄色的灯光，只照亮了寝室的小部分空间。四个人，都不约而同往灯光附近挪了挪，又同时瞅向赵大鹏。赵大鹏冲几个人道：“我说你们三个能不能别这么吓人啊，还一块儿瞪着死鱼眼看着我。”宋茂坤：“你要是再不说，我们三个马上就用眼神杀死你！”赵大鹏：“别急啊，听我给你们慢慢道来，其实这件事吧，我也是道听途说，据说那起交通事故发生之后，并不是所有的人都死了，省际客车的司机王二栓侥幸活了下来，他跟办案人员说，当晚他开的是省际客车最后一班车，从B市开往A市，由于是末班长途车，所以车上的乘客并不是很多，这车就一直在高速公路上开，可开啊开啊，王二栓就感觉出不对劲了，心里嘀咕这都开了半天了，怎么还不到下一个高速公路服务区啊，原本寻思着这条道并不是很远，在服务区就能加上油，所以出发的时候，就没另外加油，现在眼瞅着油表指数就快见底了，可还没到服务区，这可急坏了王二栓。另外王二栓还发现了一件奇怪的事，就是平时再怎么晚，高速公路也不可能没车啊，怎么今晚这高速上，连个车影都没有啊，王二栓透过车上的反光镜，发现车上的几位乘客，貌似都睡着了，只有一个身穿白衣的女性乘客，原本是盯着窗外的脸，突然扭过头来，血红的双眼看向反光镜中的王二栓，这一看可不要紧，吓得王二栓魂不附体，慌乱中，将油门踩到了底，客车像脱缰的野马一样，向前冲去，结果悲剧就发生了，撞向前面正在行驶的运送化学用品的小货车上。另外，据当时勘验现场的人说，客车上面的乘客，早就在车祸发生之前就已经死了，这让原本扑朔迷离的案情变得更加诡异，警方原本是将王二栓列为嫌疑人了，可谁曾想王二栓醒来后竟然说出这种怪事来，并且令办案人员更为不解的是，王二栓说完之后，就变得疯癫起来，被送进了当地的精神病院。”“没了？”一边玩微信，一边当故事听的周文斌催促道。赵大鹏满脸鄙夷地说道：“都进了精神病院，可不没了。”“那为什么这台发动机到咱们学校了？”宋茂坤催促道。赵大鹏故作神秘地说：“说到这发动机，可也是大有来头，不过今天我这检查还没有写呢，咱们明天再唠吧，兄弟们。”“真没劲，说到半截，还吊起胃口来了。”杨东说完就从宋茂坤的床上跳了下来。故事暂时结束了，大家各自拿着脸盆去了水房，洗漱完睡觉。很快的，几个人就先后进入了梦想，鼾声此起彼伏，然而他们并不知道，从这一刻起，真正的危机，正在向他们袭来。

中元节过后的第二天早上八点半，赵大鹏被一阵急促的敲门声惊醒，还在睡梦中的赵大鹏心说："辅导员又来查寝了？本想，翘一堂法规课，睡个懒觉，这回又白瞎了。"然而进来的，除了辅导员之外，还有警察，并且同寝室的宋茂坤和周文斌也一同回来了，他俩脸上充满惊恐和不安。辅导员郭华催促赵大鹏道："赶紧把衣服穿上，警察同志有话要问你。"赵大鹏将衣服都穿好之后，他得到一个令人吃惊的消息，陈竞志死了，并且就死在那间存放诡异发动机的实验室中。

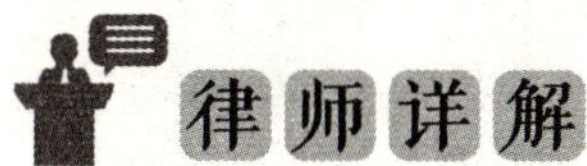

如何加强化学品运输安全？

（一）严格企业准入管理。严格危险品运输资质许可，认真审核申请企业的安全生产和经营条件。一是2015年年底前，暂停审批道路危险品运输企业。做好"挂而不管、以包代管、包而不管"安全责任，落实车辆的清理，实现道路危险品运输企业全部车辆公司化经营。二是2017年年底前，暂停审批内河水路油品、化学品运输单船公司。三是严格新建、改建、扩建的港口危险品罐区（储罐）、库（堆）场、危险品码头和输送管线项目的安全设施设计审查和验收，凡未通过安全生产条件审查的，一律不得开工；未通过项目验收、取得危险品码头作业附证的，一律不得运营生产。落实工程质量安全终身责任制。四是危险品运输企业未取得安全生产标准化达标证书的，限期予以整改，并根据相关法律、法规规定对仍未达标的企业不得新增运力和扩大经营范围；水路危险品运输企业未按规定取得DOC证书的，不得从事运输经营。

（二）严格运输工具准入管理。一是严格道路危险品运输车辆准入前材料审核和年度审验，禁止不合格车辆准入。二是自2015年1月1日起，无紧急切断装置且无安全技术检验合格证明的液体危险品罐车，根据相关法律、法规规定不予通过年审，并注销其道路运输证。三是加强危险品运输船舶准入，严格船舶检验，未取得船舶检验证书的，不得从事运输经营。四是逐步淘汰“两横一纵两网十八线”的内河单壳散装液体危险品运输船舶，自2016年1月1日起，长江干线全面禁止单壳化学品船、600载重吨以上的单壳油船进入，危险品运输船舶船型标准化率达到70%。

（三）严格从业人员准入管理。一是严把道路水路危险品运输从业人员考试与证件发放关，严禁考试和发证过程中弄虚作假、徇私舞弊等行为，一经发现严肃处理。二是从事道路危险品运输的驾驶员、押运员，从事水路危险品运输的船员、装卸管理人员、申报人员、集装箱装箱检查员必须持相应的资格证上岗。三是按照有关规定建立和落实道路运输（危险品）经理人从业资格制度和专职安全管理人员制度。四是严格驾驶员从业资格管理，及时掌握驾驶员的违章、事故记录及诚信考核、继续教育等情况，对于记分周期内扣满12分的驾驶员，要根据相关法律、法规规定吊销其从业资格证件，三年内不予重新核发。

经典案例

1. 我出了交通事故，可以“私了”吗？

◎ 热线陈述

今年国庆节的时候，李某在老家搞了一场高中同学聚会，大家相聚甚欢，回顾了“当年情”，又展望了未来。俗话说得好，酒逢知己千杯少，在外闯荡多年的李某回到家乡，仿佛跟大家有说不完的话，于是这酒喝得就没数了，并且是越喝越激动，越喝越过瘾，渐渐地找不着北了。中午聚会两个小时后，在酒桌下醒来的李某，看着老同学们渐渐散去的身影，自己也准备开车回家。当时就有还未离开的同学建议他找个“代驾”，但自信满满的李某认为凭自己的驾驶技术，把车开回家是“小菜一碟”，于是不顾同学们的好言相劝，李某开车回家了。由于正赶上大雾天气，视线很不好，又加上酒精的作用，且李某并没有采取相应的减速措施，在一个交通路口处和另外一辆机动车发生碰撞，所幸只是汽车出现不同程度上的破损，双方的驾驶员毫发未损。惊魂未定的李某，酒是醒了一大半了，他想“私了”解决这起交通事故，但又不太清楚法律是如何规定的，于是他拨通了我们的法律服务热线，咨询了相关事宜。

◎ 律师答疑

根据我国法律规定，在道路上发生交通事故，未造成人身伤亡，当事人对事实及成因无争议的，可以即行撤离现场，恢复交通，自行协商处理损害赔偿事宜；不即行撤离现场的，应当迅速报告执勤的交通警察或者公安机关交通管理部门。机动车与机动车、机动车与非机动车在道路上发生未造成人身伤亡的交通事故，当事人对事实及成因无争议的，在记录交通事故的时间、地点、对方当事人的姓名和联系方式、机动车牌号、驾驶证号、保险凭证号、碰撞部位，并共同签名后，撤离现场，自行协商损害赔偿事宜。当事人对交通事故事实及成因有争议的，应当迅速报警。对仅造成人员轻微伤或者发生财产损失事故，当事人对事实或者成因有争议的，以及虽然对事实或者成因无争议，但协商损害赔偿未达成协议的财产损失事故，公安机关交通管理部门可以适用简易程序处理，但是有交通肇事犯罪嫌疑的除外。据此可知，虽然本案中，并没有造成人身伤害，但李某存在醉酒后驾驶机动车的犯罪嫌疑，因此必须报警处理，不能通过“私了”解决此事。

2. 我出了交通事故已经“私了”解决，但现在后悔了，该怎么办？

◎ 热线陈述

某社区的王某今年72岁，别看他上了岁数，身板那是非常硬朗，经常参加体育锻炼的他，看上去50多岁的样子。今年春节过后，当地的庙会正搞得如火如荼的，王某非常喜欢热闹的地方，所以庙会是他每年必逛的地方。但天有不测风云人有旦夕祸福，就在王某走出社区，准备步行去庙会公园的时候，不幸发生了，有一个骑着电动车的青年不小心将其剐蹭摔倒，从地上爬起来的王某非常生气，当时就和这个青年高某理论了起来，自知理亏的高某一个劲地给王某赔不是，在王某报警之后，更是愿意拿出两千元钱作为补偿。王某见自己身体并没什么异样，高某悔过的态度也非常诚恳，便同意和高某在交警的见证下，达成和解协议。之后，王某觉得出门就遇到车祸，很晦气，就回家了，也没再去逛庙会。当天晚上，王某突然出现头晕呕吐的现象，并昏厥。家人赶紧打了120，送到当地急救中心，进行诊疗，经过诊断，王某的头晕呕吐正是由于白天交通事故所致，由于病情出现恶化，颅内已经出血，王某一直昏迷不醒，并被送进了ICU重症加强护理房。经过三天两夜的抢救，虽然脱离了生命危险，但全身意识丧失，处于植物人状态。后来，王某的家人拿出王某和高某签订的和解协议，了解了交通事故的来龙去脉，认为和解协议无效，拨通了我们的法律服务热线，咨询了相关事宜。

◎ 律师答疑

根据我国法律规定，在道路上发生交通事故，未造成人身伤亡，当事人对事实及成因无争议的，可以即行撤离现场，恢复交通，自行协商处理损害赔偿事宜。但本案的特殊之处在王某的“植物人”身体伤害是由交通事故所致，并且损伤是发生在当天晚上，因此应当对本案进行重新调查处理，在调查的基础上，认定交通事故的事实与责任，追究高某的相关法律责任。

3. 我闺女在小区里面玩的时候，被车撞了，属于交通事故吗?

◎ 热线陈述

某小区的面积非常大，环境很好，安保措施也一流，禁止非小区的社会车辆进入。没有其他车辆进入，业主们开车出行非常方便。吴某是上班族，平日里都是开车上下班。某天开车下班进入小区之后，在小区的道路上缓慢地行驶着，因为手机突然响了，吴某低头看手机来电的时候，将在小区道路上行走的女童郭某剐蹭，其父当场将吴某的车辆拦下，与其理论。所幸女童无大碍，双方在协商赔偿事宜的时候，无法达成协议。郭某的父亲认为这完全是吴某的责任，而吴某则认为郭某的父亲并未尽到监护义务。双方对在小区内出现的此起事件，是否属于交通事故也产生了争议。郭某的父亲拨通了我们的法律服务热线，咨询了相关事宜。

◎ 律师答疑

根据我国法律规定，“道路”，是指公路、城市道路和虽在单位管辖范围但允许社会机动车通行的地方，包括广场、公共停车场等用于公众通行的场所。车辆在道路以外通行时发生的事故，公安机关交通管理部门接到报案的，参照有关规定办理。据此可知，本案中的小区安保措施到位，禁止社会车辆进出，因此在这个小区道路内出现的事故，并非交通事故，但同样可以报警处理。

4. 我出了交通事故，对方很嚣张，我想知道交警勘验现场都要干什么?

◎ 热线陈述

陈某在某市场从事蔬菜零售业务，由于他的菜不仅新鲜，还价格便宜，所以很受当地居民的欢迎，大家都亲切地管他叫大陈。卖菜可不是件轻松的活儿，除了一天都在蔬菜摊卖菜之外，每天凌晨一两点钟就得出发去蔬菜批发市场“上货”，如果去得晚了，就有可能上到别人挑剩下的不新鲜的菜，为了保证当地居民能吃上新鲜的蔬菜，大陈每天都是第一个来到蔬菜批发市场进货。有一天，外边的月光很亮，驾驶着机动车的大陈像往常一样去进货，在路过一个十字路口等待红灯的时候，通过后视镜发现后面有一辆车歪歪扭扭地停在他车的后边，大陈感觉后面这人开车可能有问题，为了安全起见，绿灯亮起的时候，他便匀速启动，通过路口之后，将车停在了公路的旁边，先让后边的车开远了之后他再走。后面的那辆车也正如大陈所愿，径直朝前方开走了。大陈等这辆车走远已经看不到影子的时候，也启动车辆奔着蔬菜批发市场的方向开去。开了大概一刻钟之后，奇怪的事又发生了，大陈的后视镜里，又出现那辆车的影子，并且从后面赶了过来，等和大陈的车并排行驶的时候，对面的车窗摇了下来，一个叼着雪茄的男子醉醺醺地冲着大陈竖起了不雅的手势，并大声呵斥道：“看啥看啊，你小子是不是有病啊，怕我撞你啊！还故意躲着我，老子就是要撞你，告诉你，老子上面有人。”这名男子的话音刚落，就将陈某连同他的车撞进了旁边的沟渠，陈某的车辆发生了侧翻。男子眼见陈某的车翻进了沟渠，怪笑两声，扬长而去。幸好陈某年轻的时候练过功夫，在车辆即将翻进沟渠的时候，用了一招“翻江倒海”，从车窗跳了出去。对此事非常生气的陈某，拿起电话就报了警，说自己出了交通事故。事情过了一天之后，他越想越不明白，自己招谁惹谁了，就被人撞翻在沟渠，并且肇事者还扬言自己上面有人，一副天不怕地不怕的样子。他认为自己并非这方面的专业人士，还很担心遇到不公平的待遇，于是拨通了我们的法律服务热线，咨询了相关事宜。

◎ 律师答疑

根据我国法律规定，公安机关交通管理部门接到交通事故报警后，应当立即派交通警察赶赴现场，先组织抢救受伤人员，并采取措施，尽快恢复交通。交通警察应当对交通事故现场进行勘验、检查，收集证据；因收集证据的需要，可以扣留事故车辆，但是应当妥善保管，以备核查。对当事人的生理、精神状况等进行专业性较强的检验，公安机关交通管理部门应当委托专门机构进行鉴定。鉴定结论应当由鉴定人签名。此外，如果本案中现场处理的交警与肇事者存在回避情形的，应当进行回避。即交通警察调查处理道路交通安全违法行为和交通事故，有下列情形之一的，应当回避：（一）是本案的当事人或者当事人的近亲属；（二）本人或者其近亲属与本案有利害关系；（三）与本案当事人有其他关系，可能影响案件的公正处理。

5. 外地的司机把我撞了，应当由什么地方的交警管？

◎ 热线陈述

宋某是某工厂的下岗职工，生活很艰辛，但一向有志气的他，虽然下岗了，也不能让别人瞧不起，于是宋某在家附近支起了一个水果摊，开始做起水果生意。每日起早贪黑，虽然很累，但凭着一双手，也是把生活过得有滋有味。有人就会问他：老宋，你以前上班都是坐办公室的，现在抛头露面出来做买卖，习惯吗？他总是笑呵呵地回答：“有啥不习惯的，凭双手吃饭，谁都不能瞧不起咱。”但就是这么一个有志气乐观向上的老宋，最近摊上了一件倒霉的事，话说是这么一个傍晚，天气很不好，不仅起了雾，还飘着雨点，老宋感觉这天气也没几个人会出来买水果，于是就决定收摊，提早回家休息。可谁能想到，就在收摊的时候，一辆机动车突然冲上马路牙子，将水果摊连同老宋一块儿撞倒了。所幸老宋只是受了一些轻微的擦伤，他当时就起来和司机理论，司机竟然气急败坏地说：“别挡我道，我有急事！”扔下一张名片，就又驾驶车辆，绝尘而去了，差点又把老宋撞倒。后来，老宋在联系肇事者的时候，肇事者又提出一个令老宋难以接受的说法，肇事者说自己不是老宋所在城市的人，想报警解决事的话，得去肇事者所在地的城市，要不肇事者也不愿意露面了。这让老宋很生气，他致电我们的法律服务热线，咨询如果他报了警，到底应该由什么地方的警察来解决此事？

◎ 律师答疑

根据我国法律规定，在道路上发生交通事故，车辆驾驶人应当立即停车，保护现场；造成人身伤亡的，车辆驾驶人应当立即抢救受伤人员，并迅速报告执勤的交通警察或者公安机关交通管理部门。因抢救受伤人员变动现场的，应当标明位置。乘车人、过往车辆驾驶人、过往行人应当予以协助。据此可知，本案中肇事司机引起交通事故以有急事为由逃离的行为，本身就是违法的，日后一旦因为肇事者的原因没保护好现场，而出现无法认定责任大小与事故成因，均由肇事者一力承担，此外，发生交通事故之后，应当由事故发生地的交警处理，肇事者想由其户籍所在地的警察处理的想法是没有法律依据的。

6. 我被车撞了，想知道交通事故认定书什么时候出来？

◎ 热线陈述

王某是某企业的退休职工，平日里主要是接送孙子上下学，某天送孙子上学后，在去早市买菜的路上被一辆机动车撞倒，报警后，交警来到现场，并对双方进行了相关询问。之后王某被送往医院进行治疗。王某在医院接受四个月的治疗之后，被鉴定为7级伤残。为了维权，王某要交警为其出具交通事故认定书，但并未如愿。直到该交通事故发生半年之后，交警才向双方出具交通事故认定书，判定双方负有同等责任。但此时肇事方早已下落不明。为此，王某认为是交警出具交通事故认定书的时间太长，才导致肇事者无迹可寻，王某拨通了我们的法律服务热线，咨询了相关事宜。

◎ 律师答疑

根据我国法律规定，公安机关交通管理部门应当自现场调查之日起十日内制作道路交通事故认定书。交通肇事逃逸案件在查获交通肇事车辆和驾驶人后十日内制作道路交通事故认定书。对需要进行检验、鉴定的，应当在检验、鉴定结论确定之日起五日内制作道路交通事故认定书。据此可知，本案并不存在交通肇事逃逸的情形，但交警部门半年之后才出局交通事故认定书，远远超于期限，应当承担相应的法律责任。

7. 我朋友酒后驾车，遇见酒精检测的，可以拒绝检测吗？

◎ 热线陈述

孙某和高某是发小，平日里由于工作的原因很难聚在一起，最近他们共同的朋友杨某结婚，两人终于有时间在一起喝喝酒聊聊天了。由于高兴两个人喝的都不少，在婚宴结束的时候，杨某建议找代驾送他们回家，但孙某认为自己的驾驶技术高超，并且还说今天还没有喝尽兴，一会儿再找一家酒馆喝一顿。说完孙某就开着车带着高某去找酒馆喝酒去了。在半路上，遇到交警部门对过往车辆检测酒驾行为，孙某的车辆被拦了下来，由于喝了酒，孙某拒绝检测，并强行要将车开走。这种行为自然会被执法人员制止，在车上副驾驶位置的高某醉醺醺地拨通了我们的法律服务热线，咨询了相关事宜。

◎ 律师答疑

根据我国法律规定，车辆驾驶人有下列情形之一的，应当对其检验体内酒精、国家管制的精神药品、麻醉药品含量：（一）对酒精呼气测试等方法测试的酒精含量结果有异议的；（二）涉嫌饮酒、醉酒驾驶车辆发生交通事故的；（三）涉嫌服用国家管制的精神药品、麻醉药品后驾驶车辆的；（四）拒绝配合酒精呼气测试等方法测试的。对酒后行为失控或者拒绝配合检验的，可以使用约束带或者警绳等约束性警械。据此可知，孙某具有酒驾行为，必须接受酒精检测，如果孙某拒绝，交警可以采取相应的约束性措施。

8. 我对交通事故赔偿有争议，可以找谁处理?

◎ 热线陈述

某小学的学生李某是班上的三好学生，学习成绩很优秀，多次代表学校参加奥数大赛。今年又到了参加比赛的时候，比赛过程很顺利，但李某在回家的路上却发生了车祸，导致大腿骨折。在医院治疗几个月后，花去医药费数万元。在这起交通事故中，肇事方应负全责，但双方在协商赔偿事宜之时，一直未达成协议。现在李某的家长致电我们的法律服务热线，咨询了相关事宜。

◎ 律师答疑

根据我国法律规定，对交通事故损害赔偿的争议，当事人可以请求公安机关交通管理部门调解，也可以直接向人民法院提起民事诉讼。当事人对交通事故损害赔偿有争议，各方当事人一致请求公安机关交通管理部门调解的，应当在收到交通事故认定书之日起10日内提出书面调解申请。对交通事故致死的，调解从办理丧葬事宜结束之日起开始；对交通事故致伤的，调解从治疗终结或者定残之日起开始；对交通事故造成财产损失的，调解从确定损失之日起开始。公安机关交通管理部门调解交通事故损害赔偿争议的期限为10日。调解达成协议的，公安机关交通管理部门应当制作调解书送交各方当事人，调解书经各方当事人共同签字后生效；调解未达成协议的，公安机关交通管理部门应当制作调解终结书送交各方当事人。交通事故损害赔偿项目和标准依照有关法律的规定执行。据此可知，本案中的受害方可以申请交警部门进行调解，或者向人民法院提起诉讼解决此事。

9. 我出了交通事故，身体不方便，可以委托他人参加调解吗？

◎ 热线陈述

杨某今年38岁，是某学校的老师，寒假的时候，由于学校有活动，所以原本已经放假的杨某只得加班。由于加班参与的活动并非在学校内举行，所以只能自行前往活动举办地。因为某天下了雪，所以杨某非常小心地骑着自行车去加班，但还是出了车祸，对方负全责，杨某事后被鉴定为伤残8级。双方均同意由交警部门主持调解工作，但现在杨某不方便行走，所以他致电我们的法律服务热线，咨询了相关事宜。

◎ **律师答疑**

根据我国法律规定，参加损害赔偿调解的人员包括：（一）道路交通事故当事人及其代理人；（二）道路交通事故车辆所有人或者管理人；（三）公安机关交通管理部门认为有必要参加的其他人员。委托代理人应当出具由委托人签名或者盖章的授权委托书。授权委托书应当载明委托事项和权限。参加调解时当事人一方不得超过三人。据此可知，杨某由于交通事故造成了身体不便的伤害，他可以委托第三人作为代理人参与调解工作，但应当以书面的形式注明委托权限。

10. 出了交通事故之后，我因送伤者去医院，现在说不清了，该怎么办？

◎ **热线陈述**

吴某是个出租车司机，平日里都是风里来雨里去地跑出租，由于兢兢业业，服务一流，是车队里的服务标兵。话说有这么一天，吴某像往常一样开车在路上，见路边有乘客招手，便准备靠边停车，但就在这时，路上一个横穿马路的人突然窜了出来，直接撞在了吴某的出租车上，只听“哐啷”一声，这个横穿马路的人应声倒地。已经采取停车措施的吴某赶紧从车上下来，看到倒地的人，头部已经出了血，并且已经昏迷。为了抢救伤者，吴某径直开车将伤者送往附近的医院进行急救。由于吴某当时既没有报警，也没有采取保护现场的措施，附近也没有监控录像，虽然是该行人逆行横穿马路造成了交通事故，但吴某已经说不清楚此事了，虽然在将伤者送往医院之后，吴某报了警，但交警到现场的时候，由于现场已经遭到破坏，无法认定事故的责任。为了解决此事，吴某致电我们的法律服务热线，咨询了相关事宜。

◎ **律师答疑**

根据我国法律规定，行人通过路口或者横过道路，应当走人行横道或者过街设施；通过有交通信号灯的人行横道，应当按照交通信号灯指示通行；通过没有交通信号灯、人行横道的路口，或者在没有过街设施的路段横过道路，应当在确认安全后通过。行人横过机动车道，应当从行人过街设施通过；没有行人过街设施的，应当从人行横道通过；没有人行横道的，应当观察来往车辆的情况，确认安全后直行通过，不得在车辆临近时突然加速横穿或者中途倒退、折返。在道路上发生交通事故，车辆驾驶人应当立即停车，保护现场；造成人身伤亡的，车辆驾驶人应当立即抢救受伤人员，并迅速报告执勤的交通警察或者公安机关交通管理部门。因抢救受伤人员变动现场的，应当标明位置。乘车人、过往车辆驾驶人、过往行人应当予以协助。据此可知，本案中吴某在出交通事故时，并未采取对事故现场的保护措施，事后虽然报警，但现场已经遭到破坏，致使无法认定事故责任，吴某需要负全责。不过吴某对伤者采取了救护的措施，可以减轻吴某的责任。

11. 我目击了一起车祸，向警方提供线索后，可以获得奖励吗?

◎ **热线陈述**

孙某来自某知名的“煎饼村”，该村村民基本都是靠进城卖煎饼为生，时间一长，这个村就出了名。孙某的煎饼摊在某市某地铁口附近，孙某从早上四点就支起炉子迎接第一波顾客。由于这个时候的顾客多是下夜班的，所以人并不是很多，闲暇之余，孙某就会和老伴聊聊天。某日，早上四点五十分，孙某在和老伴聊天的时候，突然发现一辆急速行驶的小轿车，在闯红灯的时候，将一名通过人行横道的路人撞倒，在出现交通事故之后，这辆车非但没有停下报警的意思，竟然开得更快了，一脚油门就消失在路上。然而这一切都被孙某看在眼里。事后，警方在走访调查的时候，孙某向警方提供了关键的线索，警方依据该线索成功地抓获了肇事司机。现在孙某致电我们的法律服务热线，咨询他能否获得奖励?

◎ **律师答疑**

根据我国法律规定，车辆发生交通事故后逃逸的，事故现场目击人员和其他知情人员应当向公安机关交通管理部门或者交通警察举报。举报属实的，公安机关交通管理部门应当给予奖励。本案中，孙某在警方调查的第一时间便向警方提供了能够直接破案的线索，警方应当给予孙某奖励。

12. 我是一名司机，交通事故中负有次要责任，该如何赔偿?

◎ **热线陈述**

冯某某是一位出租车司机，他和大多数司机不同的是，很多司机在早高峰的时候，并不愿意拉活，因为此时很容易堵在路上，影响生意。但冯某某感觉自己作为一名出租车司机，有义务在早高峰乘客需要自己的时段，去拉活，满足乘客出行的需要。这一天冯某某像往常一样，早上7点的时候，载着乘客行驶在公路上，由于这个时候无论是机动车还是行人的数量都比较多，所以冯某某的注意力非常集中，尽力将出现交通事故的概率降到最低。但总有一些行人，不顾交通规则的约束，为了省事，经常在危险地段横穿公路。由于冯某某是多年的老司机了，他特地在一些容易出现行人违规的地方，减速慢行，争取安全通过。虽然在经验法则的指引下，冯某某已经高度注意了，但在这个早上还是出现了交通事故，最后在划分责任的时候，违规的行为人负主要责任，冯某某负次要责任。由于冯某某的谨慎驾驶，他几乎没出现过交通事故，所以他致电我们的法律服务热线，咨询他该如何承担赔偿责任。

◎ 律师答疑

根据我国法律规定，机动车与非机动车驾驶人、行人之间发生交通事故，非机动车驾驶人、行人没有过错的，由机动车一方承担赔偿责任；有证据证明非机动车驾驶人、行人有过错的，根据过错程度适当减轻机动车一方的赔偿责任；机动车一方没有过错的，承担不超过百分之十的赔偿责任。本案中，冯某某在这起交通事故中承担次要责任，按照司法实践，次要责任一般需要承担事故赔偿比例的百分之三十到百分之四十。

13. 我骑着自行车撞了一个骑三轮车的老太太，该怎么处理？

◎ 热线陈述

宋某是某公司的职工，每天都是骑自行车上下班，虽然家里也有机动车，但他认为这样既环保，又能锻炼身体。宋某的自行车属于公路自行车，主要特征为：可减低风阻的下弯把手、一体式刹变把、较窄的高气压低阻力 700C 公路车胎、无避害震器、专用公路车变速系统，在公路上骑行时效率很高，而且是最为优美的公路自行车。因此，宋某只要骑上这辆自行车，就感觉浑身充满了力量，正是这股力量，导致宋某在一次上班的途中发生了事故，将一辆骑着三轮车的老太太撞翻，导致老太太肋骨骨折。现在宋某认为自己并非因驾驶机动车引起的事故，所以不知道这起事故该如何处理，在现场的时候，他致电了我们的法律服务热线，咨询了相关事宜。

◎ **律师答疑**

根据我国法律规定，非机动车与非机动车或者行人在道路上发生交通事故，未造成人身伤亡，且基本事实及成因清楚的，当事人应当先撤离现场，再自行协商处理损害赔偿事宜。当事人对交通事故事实及成因有争议的，应当迅速报警。据此可知，本案中，宋某的肇事行为导致老太太肋骨骨折属于造成了人身伤亡，应当迅速报警，并保护好现场。

14. 出了交通事故，达成了调解协议，但对方不履行，该怎么办?

◎ **热线陈述**

王某是某奶制品公司的送货员，负责某片小区的送奶业务。由于这片小区有数十栋楼的客户都订购该公司的瓶装奶制品，所以王某每天很早就出来送奶。有的时候，一次装不下的话，还会回公司重新装第二遍车，甚至第三遍车，所以一天下来，王某很辛苦。某天王某像往常一样开着他那辆电动车在送货的过程中，突然发现头天晚上实在太累了，竟然忘记给电动车电瓶充电了，随着电量过低的报警提示，王某决定回公司先把电充好再去送货。由于在回去的方向，正好赶上交通高峰期，所以行驶的速度并不乐观。就在王某刚驶过一个十字路口的时候，一辆图方便的机动车竟然突然转弯逆行，和王某相撞。后经过责任认定，机动车司机负全责，双方在交警的主持下，达成了调解协议。但事发一个多月之后，机动车司机迟迟不履行调解协议上的内容，并且找各种理由，最后竟然说这事都怨王某，并明确表示不想履行这份调解协议了。为此，王某拨通了我们的法律服务热线，咨询了相关事宜。

◎ **律师答疑**

根据我国法律规定，发生交通事故之后，经公安机关交通管理部门调解，当事人未达成协议或者调解书生效后不履行的，当事人可以向人民法院提起民事诉讼。由此可知，当人们在现实生活中遇见这种背信弃义的肇事者，应当直接向人民法院提起民事诉讼，尽量避免陷入和对方无休止的扯皮中。

15. 我出了交通事故，担心对方不赔偿，可以扣他车辆吗?

◎ **热线陈述**

李某是一名跑运输拉活的长途司机，经常受附近村民的委托，将蔬菜水果拉到市场上贩售。由于李某经常不分昼夜地跑长途，所以疲劳驾驶对他来说是常事，你要问他累不累，他会说，如果我不加班加点地跑长途，根本赚不到钱。李某这种疲劳驾驶的行为终于有一天给别人造成了灾难，在一次跑长途的过程中，由于过于疲劳驾驶，竟然在驾驶室中睡着了，结果发生了车祸，将行人王某撞伤。在发生车祸的时候，王某和亲属正在路边行走，眼见李某的车辆将王某剐蹭倒地，担心李某跑掉，王某和亲属便将李某的车辆扣下，在警方赶来之前，开走藏了起来，如果李某不赔偿王某的伤害损失，这车就别想要回去了。所幸的是，王某受伤并不严重，他担心这样做是否不妥？为了稳妥起见，他拨通了我们的法律服务热线，咨询了相关事宜。

◎ **律师答疑**

根据我国法律规定，对发生道路交通故事因收集证据需要的，可依法扣留事故车辆。交通警察应当在扣留车辆后二十四小时内，将被扣留车辆交所属公安机关交通管理部门。据此可知，除了交通管理部门可以扣车之外，他人无权扣车，本案中的王某亲属，应当将车辆移交给交警部门，如果拒绝移交，还可能受到治安管理处罚。

法条链接

《道路交通安全法》

第七十条 在道路上发生交通事故，车辆驾驶人应当立即停车，保护现场；造成人身伤亡的，车辆驾驶人应当立即抢救受伤人员，并迅速报告执勤的交通警察或者公安机关交通管理部门。因抢救受伤人员变动现场的，应当标明位置。乘车人、过往车辆驾驶人、过往行人应当予以协助。

在道路上发生交通事故，未造成人身伤亡，当事人对事实及成因无争议的，可以即行撤离现场，恢复交通，自行协商处理损害赔偿事宜；不即行撤离现场的，应当迅速报告执勤的交通警察或者公安机关交通管理部门。

在道路上发生交通事故，仅造成轻微财产损失，并且基本事实清楚的，当事人应当先撤离现场再进行协商处理。

第七十一条 车辆发生交通事故后逃逸的，事故现场目击人员和其他知情人员应当向公安机关交通管理部门或者交通警察举报。举报属实的，公安机关交通管理部门应当给予奖励。

第七十二条 公安机关交通管理部门接到交通事故报警后，应当立即派交通警察赶赴现场，先组织抢救受伤人员，并采取措施，尽快恢复交通。

交通警察应当对交通事故现场进行勘验、检查，收集证据；因收集证据的需要，可以扣留事故车辆，但是应当妥善保管，以备核查。

对当事人的生理、精神状况等专业性较强的检验，公安机关交通管理部门应当委托专门机构进行鉴定。鉴定结论应当由鉴定人签名。

第七十四条 对交通事故损害赔偿的争议，当事人可以请求公安机关交通管理部门调解，也可以直接向人民法院提起民事诉讼。

经公安机关交通管理部门调解，当事人未达成协议或者调解书生效后不履行的，当事人可以向人民法院提起民事诉讼。

第七十六条 机动车发生交通事故造成人身伤亡、财产损失的，由保险公司在机动车第三者责任强制保险责任限额范围内予以赔偿；不足的部分，按照下列规定承担赔偿责任：

（一）机动车之间发生交通事故的，由有过错的一方承担赔偿责任；双方都有过错的，按照各自过错的比例分担责任。

（二）机动车与非机动车驾驶人、行人之间发生交通事故，非机动车驾驶人、行人没有过错的，由机动车一方承担赔偿责任；有证据证明非机动车驾驶人、行人有过错的，根据过错程度适当减轻机动车一方的赔偿责任；机动车一方没有过错的，承担不超过百分之十的赔偿责任。

交通事故的损失是由非机动车驾驶人、行人故意碰撞机动车造成的，机动车一方不承担赔偿责任。

第七十七条 车辆在道路以外通行时发生的事故，公安机关交通管理部门接到报案的，参照本法有关规定办理。

第一百一十九条 本法中下列用语的含义：

（一）“道路”，是指公路、城市道路和虽在单位管辖范围但允许社会机动车通行的地方，包括广场、公共停车场等用于公众通行的场所。

（二）“车辆”，是指机动车和非机动车。

（三）“机动车”，是指以动力装置驱动或者牵引，上道路行驶的供人员乘用或者用于运送物品以及进行工程专项作业的轮式车辆。

（四）“非机动车”，是指以人力或者畜力驱动，上道路行驶的交通工具，以及虽有动力装置驱动但设计最高时速、空车质量、外形尺寸符合有关国家标准的残疾人机动轮椅车、电动自行车等交通工具。

（五）“交通事故”，是指车辆在道路上因过错或者意外造成的人身伤亡或者财产损失的事件。

《道路交通事故处理程序规定》

第八条 道路交通事故有下列情形之一的，当事人应当保护现场并立即报警：

（一）造成人员死亡、受伤的；

（二）发生财产损失事故，当事人对事实或者成因有争议的，以及虽然对事实或者成因无争议，但协商损害赔偿未达成协议的；

（三）机动车无号牌、无检验合格标志、无保险标志的；

（四）载运爆炸物品、易燃易爆化学物品以及毒害性、放射性、腐蚀性、传染病病源体等危险物品车辆的；

（五）碰撞建筑物、公共设施或者其他设施的；

（六）驾驶人无有效机动车驾驶证的；

（七）驾驶人有饮酒、服用国家管制的精神药品或者麻醉药品嫌疑的；

（八）当事人不能自行移动车辆的。

发生财产损失事故，并具有前款第（二）项至第（五）项情形之一，车辆可以移动的，当事人可以在报警后，在确保安全的原则下对现场拍照或者标划停车位置，将车辆移至不妨碍交通的地点等候处理。

第十五条 对仅造成人员轻微伤或者具有本规定第八条第一款第（二）项至第（八）项规定情形之一的财产损失事故，公安机关交通管理部门可以适用简易程序处理，但是有交通肇事犯罪嫌疑的除外。

适用简易程序的，可以由一名交通警察处理。

第四十七条 公安机关交通管理部门应当自现场调查之日起十日内制作道路交通事故认定书。交通肇事逃逸案件在查获交通肇事车辆和驾驶人后十日内制作道路交通事故认定书。对需要进行检验、鉴定的，应当在检验、鉴定结论确定之日起五日内制作道路交通事故认定书。

发生死亡事故，公安机关交通管理部门应当在制作道路交通事故认定书前，召集各方当事人到场，公开调查取得证据。证人要求保密或者涉及国家秘密、商业秘密以及个人隐私的证据不得公开。当事人不到场的，公安机关交通管理部门应当予以记录。

第六十三条 参加损害赔偿调解的人员包括：

（一）道路交通事故当事人及其代理人；

（二）道路交通事故车辆所有人或者管理人；

（三）公安机关交通管理部门认为有必要参加的其他人员。

委托代理人应当出具由委托人签名或者盖章的授权委托书。授权委托书应当载明委托事项和权限。

参加调解时当事人一方不得超过三人。

《道路交通安全违法行为处理程序规定》

第二十五条 有下列情形之一的，依法扣留车辆：

（一）上道路行驶的机动车未悬挂机动车号牌，未放置检验合格标志、保险标志，或者未随车携带机动车行驶证、驾驶证的；

（二）有伪造、变造或者使用伪造、变造的机动车登记证书、号牌、行驶证、检验合格标志、保险标志、驾驶证或者使用其他车辆的机动车登记证书、号牌、行驶证、检验合格标志、保险标志嫌疑的；

（三）未按照国家规定投保机动车交通事故责任强制保险的；

（四）公路客运车辆或者货运机动车超载的；

（五）机动车有被盗抢嫌疑的；

（六）机动车有拼装或者达到报废标准嫌疑的；

（七）未申领《剧毒化学品公路运输通行证》通过公路运输剧毒化

学品的；

（八）非机动车驾驶人拒绝接受罚款处罚的。

对发生道路交通事故，因收集证据需要的，可以依法扣留事故车辆。

第二十六条 交通警察应当在扣留车辆后二十四小时内，将被扣留车辆交所属公安机关交通管理部门。

公安机关交通管理部门扣留车辆的，不得扣留车辆所载货物。对车辆所载货物应当通知当事人自行处理，当事人无法自行处理或者不自行处理的，应当登记并妥善保管，对容易腐烂、损毁、灭失或者其他不具备保管条件的物品，经县级以上公安机关交通管理部门负责人批准，可以在拍照或者录像后变卖或者拍卖，变卖、拍卖所得按照有关规定处理。

《道路交通安全法实施条例》

第七十五条 行人横过机动车道，应当从行人过街设施通过；没有行人过街设施的，应当从人行横道通过；没有人行横道的，应当观察来往车辆的情况，确认安全后直行通过，不得在车辆临近时突然加速横穿或者中途倒退、折返。

第八十七条 非机动车与非机动车或者行人在道路上发生交通事故，未造成人身伤亡，且基本事实及成因清楚的，当事人应当先撤离现场，再自行协商处理损害赔偿事宜。当事人对交通事故事实及成因有争议的，应当迅速报警。

第九十四条 当事人对交通事故损害赔偿有争议，各方当事人一致请求公安机关交通管理部门调解的，应当在收到交通事故认定书之日起10日内提出书面调解申请。

对交通事故致死的，调解从办理丧葬事宜结束之日起开始；对交通事故致伤的，调解从治疗终结或者定残之日起开始；对交通事故造成财产损失的，调解从确定损失之日起开始。

第九十五条 公安机关交通管理部门调解交通事故损害赔偿争议的期限为10日。调解达成协议的，公安机关交通管理部门应当制作调解书送交各方当事人，调解书经各方当事人共同签字后生效；调解未达成协议的，公安机关交通管理部门应当制作调解终结书送交各方当事人。

交通事故损害赔偿项目和标准依照有关法律的规定执行。

《治安管理处罚法》

第五十条 有下列行为之一的，处警告或者二百元以下罚款；情节严重的，处五日以上十日以下拘留，可以并处五百元以下罚款：

（一）拒不执行人民政府在紧急状态情况下依法发布的决定、命令的；

（二）阻碍国家机关工作人员依法执行职务的；

（三）阻碍执行紧急任务的消防车、救护车、工程抢险车、警车等车辆通行的；

（四）强行冲闯公安机关设置的警戒带、警戒区的。

阻碍人民警察依法执行职务的，从重处罚。

第二章　交通纠纷认定那些事儿

精品普法剧

异 镇

一辆轿车漫无目的地行驶在公路上，司机是一位女性，她已经这样开车开了好久，她好想停下休息一阵，但内心告诉她，不能休息，必须一直往前开。为了放松心情，她将一张 CD 放入了播放器，音乐响起的时候，她的手指随着节奏敲打在方向盘上，可能离开，对她来说既是一种解脱，也是一种新的开始。轿车的后排座位上，堆满了她的家当，这趟旅程对她来说没有目的地，只要离伤心地越远越好，抛开过去所有的一切。她已经加了 5 次油，累了就在车里睡，醒了就继续朝前开，或许等油耗尽之后，她可以选择一个落脚地，暂时住下，反正全部家当都带出来了，钱的事也不用发愁。

她不知道车开到了哪里，随手开启了收音机的自动搜索模式，想通过电台了解目前的位置，过了几秒钟，收音机就敏感地锁定了一个电台，只听电台里面正在播报一则新闻："神楚镇警方接到群众报案，在该镇一处废弃的化工厂内发现一具无名女尸……"她皱起了眉，她现在最不想听到的便是跟杀人有关的新闻，虽然这也有可能不是他杀而是自杀，她选择了换台，继续搜索，可收音机自动搜索了几遍，除了这个电台，仿佛再也搜不到别的了。不仅如此，轿车的油量报警器也报警了，汽油眼看着就要用光了，看来不是找个加油站，就是要找个落脚点了。她并不想在这个所谓的神楚镇落脚，但在附近绕了一圈，竟然没有发现一处加油站，前方路标却显示，一公里神楚镇欢迎您。

她只能将车开往路标指示的方向，开车走了好长时间的公路，出现的却是一条两旁尽是广阔稻田的村路，由于风景还不错，这又让她烦躁的心情暂时被抚平了，兴奋加冒险的心情相伴其中，过了大概有半个小时，前方出现了一座桥，桥上飘着淡淡的雾气，从她的位置看去，这是条很长且大的桥，桥下的流水湍急，给人一种即将通向另一个世界的感觉，桥的旁边竖立着一块大石碑，上面写着：神楚镇欢迎您。“这到底是个什么地方呢？农家院主题村落？”她一边继续开车，一边在思考着这个问题。由于桥上并没有任何行人和车辆，她一脚油门踩到底，准备迅速通过这座桥，可就在此时，一个农民打扮的人出现在前方不远的视野中，并向她挥了挥手，做了一个欢迎的手势。她心说：“幸好刚才没有鲁莽驾驶，否则真的很危险。”驱车路过这个人身旁的时候，她冲他问道：“您好，这里是什么地方？请问前面有加油站吗？”但这个人还是没有说话，只是面带笑容地冲她继续打手势，让她继续往前开。她心想：“难道这个人是哑巴？没办法，看来只能开到镇子里，再跟别人打听了。”当车通过这座桥的时候，神楚镇终于出现在她的眼前。如果说外面的世界是繁华的，那么这个神楚镇就是幽静的；如果说外面的世界是奔放的，那么这个神楚镇就是秀气的。神楚镇，给人一种独特的韵味，仿佛一直在等待着她的到来。这里的房子，都是那种三层甚至四层的小房子，装修得非常精美，甚至就连露台上面的栏杆扶手都雕上了古色的花纹。她将车停在了路边，走在地上铺的青石板上，欣赏着独具匠心的弄堂和建筑物。这里好有感觉啊？

刚才还想找到加油站就离开的她，瞬间有种要留下的感觉，于是她决定留下了。她穿过一条弄堂，来到一个看似是集市的街道上，路上走着各种各样的行人，摆摊的、赶着车马的、步行的，她一下子感受到了生活的气息，但是……她一路走过去，忽然发现一件事情，虽然是人头攒动的集市，但却是异常地安静，仿佛在看一场没有声音的老电影一样，她忽然意识到眼前的所有人都没有说话，就算是交流，也只是用手在比画着什么，她一下子呆住了，难道这个小镇上的人，都是哑巴？突然，一个声音进入她的耳朵中，“你好，你是第一次来神楚镇吧？”一个带着宽边眼镜，长相很斯文的男人冲她微笑地问道。“啊！我是看到这里的风景很美，所以就开车进来了。”回过神的她，冲这个男人回答道。

男人：“呵呵，你是开车来的？那你的车肯定是没有油了，所以才开进来的，对不对？”

她：“啊？你怎么知道的？”她惊讶地问道。

男人：“我们这个小镇，平时很少有人来的，如果是外面的人，肯定是因为附近没有加油站，才开车进来寻找加油站的。”

她：“那请问加油站在什么地方？”

男人：“我们这里没有加油站的，但每隔半个月，会有移动加油车，来到这里给要外出公干的村干部的公车加油，到时候私家车也是可以过来加油的。”

她：“怎么会有这样的地方？”

男人：“呵呵，你刚才也看到了，我们这里有很多人，都不会说话，我也是下基层来锻炼的时候才知悉这里的状况的。”

她：“难道这个镇子里面住的都是聋哑人？”

男人：“嗯，可能是遗传的原因，这里世世代代居住的人都是聋哑人，他们之间结合后的下一代，也是聋哑人，并且这个村子里面有个习俗，不允许和外面的人通婚。”

她："竟然有这样的地方，对了，你是村干部吗？"

男人："嗯，我是副主任，专门过来挂职锻炼的。"

她："那我可以住在这里吗？我一直想找个安静的地方，我觉得这里真的很安静。"

男人："呵呵，当然欢迎啊。走，我带你去我们这唯一的旅店。"

她："谢谢你啊。"

当他们步行来到旅店的时候，一个值班的前台服务人员准备给她进行登记，并要求她出示身份证。但她并不想透露自己的真实身份，便随口说了一句："哎呀，真是不好意思，我出门太急了，身份证忘带了。能通融一下吗？"

前台看向男人，男人也做了个无可奈何的手势，说："按照规定，住宿的旅客必须登记身份证。"

她："那可怎么办才好？"

男人："要不这样吧，你先暂时住在我那里吧，我看你也不像是坏人。哈哈，开个玩笑。"

于是她就这样住了下来，男人住的地方，就在村委会的附近，她告诉男人，她叫舒畅，而男人也带她参观了村委会，通过村委会公告栏的显示，这个男人的确是副主任，叫方国平。而村主任也是个女人，叫李秀秀。方国平告诉她，虽然这里叫神楚镇，但这只是个地名而已，其实他们这里是个村，村主任最近这几天外出公干，给镇上的人联系招商引资的事情去了。其实，舒畅之所以同意住在方国平的家里，也是因为她看得出，方国平对她有意思，并且通过方国平的言谈举止可以看出他是个有修养并且很精干的男人，最关键的是，方国平还是个帅哥。为了暂时忘记过去的烦恼，暂时住在副主任家里，也算是个不错的落脚点了。

一个星期后，舒畅已经基本上习惯了这里的生活，虽然这里的人都不会说话，但对她都很有礼貌，都是报以微笑。继续在方国平家里住了一段时间后，舒畅突然发现自己渐渐喜欢上了方国平，可能是因为在这个“世外桃源”的神楚镇，只有方国平能和自己交流的缘故，这让她感觉方国平可以成为自己的依靠。之后，她从以前那个狭小的客房搬进了方国平的主卧室，两人出双入对，在神楚镇已不再是秘密。她在方国平身上找到了曾经失去的爱情，虽然以前那段感情，可能会被称为孽缘，但方国平真的很像她以前爱过的那个男人，从此，她不再寂寞和伤心，不再因无所适从而烦恼。

然后，就像大多数爱情一样，刚开始和方国平交往的时候，双方都感觉对方非常适合自己，相见恨晚也难以形容二人之间的感情，总之方国平待她非常好，舒畅也是把感情全身心投入方国平身上。但渐渐地，当这股冲动的感情慢慢变得理性的时候，舒畅突然发现了方国平不对劲的地方。那是一个寂静的晚上，舒畅和方国平缠绵过后，舒畅渐渐睡着了，突然被一阵不知名的鸟叫吵醒，她睁开了眼睛，发现身边并不见方国平的身影，难道是去厕所了吗？于是她起身准备去客厅喝杯水，可当她来到客厅的时候，发现旁边的客房内，有灯光闪出，并发出一阵翻东西的声音，她悄悄来到客房门外，通过缝隙看见了方国平熟悉的身影，当她想推开门，询问方国平在干什么的时候，她惊呆了，因为她发现方国平正在翻她的物品，可以说她所有家当都被方国平翻开了，杂乱无章地摆在地上，方国平就在这里面不断地找着什么东西。舒畅突然感到一阵恐惧，这还是她认识的方国平吗？这难道是和她天天睡在一张床上的男人？他到底在找什么？……难道是方国平怀疑她的身份？方国平和自己交往的真实目的是什么？方国平真的爱自己吗？如果是真爱自己的话，为什么要翻自己的东西？就算是怀疑自己，难道不能直截了当地问自己吗？出于内心的恐惧和对自己的保护，舒畅并没有打开门出现在方国平身边，去质问他，反而是悄悄关上门，回到了床上。回到床上的她，脑海中反复思考着刚才的那些问题，最关键的问题是，他在找什么？她的行李中除了身份证和存折之外，并没有任何重要的东西了。她现在最担心的是，如果被方国平翻到自己的身份证，发现身份证上的名字和舒畅这个名字对不上的话，该如何解释？于是，她决定编织一个没有漏洞的说辞。她知道自己之所以能够爱上方国平，也是因为自己想真正放弃以前那段孽缘，想在方国平这里寻找一份感情的寄托，开始一段新的人生，自己并非是有意欺骗他的，如果他真的爱自己，应该会体谅她和原谅她。她决定，一会儿等他回来，直接跟他坦诚相待，告诉他一切。

房门打开了，方国平从客房回来了，舒畅背对着门，看不到现在方国平的表情。紧张和尴尬令她的身体紧缩，甚至连呼吸都变得不流畅。而方国平则像往常一场，躺了下来，没有发脾气，也没有对她产生任何的疑问。难道是方国平没有找到她的身份证吗？还是要等到明天再质问自己？难道他找的不是自己的身份证？一系列的疑问让她彻夜未眠。

可第二天早上，方国平并没有表现出任何不对劲的地方，这甚至让舒畅开始怀疑昨天晚上发生的一切是否只是自己做的一个梦而已？当方国平去上班的时候，舒畅又去了客房，查看自己的行李，当她看到那些被翻动过的痕迹的时候，证实了一件事，昨天发生的事情是真实的，并非自己做梦。她打开存放重要东西的小皮包，存折还在，但身份证已经不见了。简直太不可思议了，她决定重新再把行李翻一遍，但始终没有找到自己的身份证，难道真的是被方国平拿走了？可他拿自己的身份证干什么呢？如果只是怀疑自己的身份，那直接问自己不就行了。舒畅实在想不通其中的缘由。晚上的时候，方国平下班回家，他们一起吃饭，但方国平还是没有显出任何异常的表情，和平时一样和她聊家常，舒畅只能故作镇定，一样聊着家常，但心中渐渐开始提防起方国平来。

她现在觉得方国平城府好深，很恐怖，明明是私藏了自己的身份证，明明知道自己的真实名字，却依然装作若无其事的样子，真是个心机男。她和方国平同住一个屋檐下，却各怀鬼胎，舒畅几乎每天都是趁方国平上班的时候，在家里翻箱倒柜，但不知道身份证是真的不见了，还是被方国平给藏了起来，家里几乎所有的地方，都被她翻过了，可就是不见身份证的踪影。在如今这个社会，身份证的重要性毋庸置疑，通过身份证可以办理信用卡，银行贷款等重要事项，一张身份证如果被不法分子利用，那自己的损失可不是一星半点的。于是她决定，今晚就和他摊牌，彻底问清楚。

但人开始怀疑的时候，就会发现身边的一切都那么的不真实。当天舒畅外出的时候，她忽然发现那些路人看自己的眼神不再那么单纯，就算是一张微笑的脸庞，也好像是一张面具，在盯着自己，这让她不寒而栗。她决定在一家餐厅和方国平摊牌，因为她觉得，现在的家里太危险了，如果今晚摊牌不顺利，在餐厅这种公共场所，在众目睽睽之下，总好过在方国平的家里。可惜到了餐厅的时候，往日里让舒畅喜欢的那份静怡，现在却变得让舒畅喘不过气来，可以想象得到，在一间餐厅里面，虽然有不少人在用餐，但没一个人说话，这是什么样的感觉。舒畅将方国平约在餐厅的一个包间里，下班之后来到餐厅的方国平依然是平时的那副表情，在用餐中，两人还是聊着家常。

舒畅："国平，这个星期我想回去一趟。"

方国平惊讶地抬起头问："回去？回去哪里啊？"

舒畅尴尬地回答："从哪里来，回到哪里去啊？不过你不用担心哦，我过两天就会回来的。"

方国平："你回去干什么啊？"

舒畅："我回去拿身份证啊，虽然在神楚镇也不需要身份证，但不带在身上，总感觉不放心。"

方国平："嗯，还是带在身上比较好。"

舒畅还以为方国平会说出别的什么话来，见他如此说，她竟然一时无语。

突然，方国平说：“畅畅，你有没有想过，如果一个人隐藏着他的身份，究竟是为什么呢？”

舒畅一惊，手里的筷子掉落在了地上。捡起筷子的舒畅，故作镇静地说：“隐藏身份，可能是有不得已的苦衷吧？”

方国平：“但一些通缉犯，杀人犯之类的不法分子，也会隐藏身份的，甚至可能会更换好几种身份呢。”

想起自己以前所经历的事情，舒畅背后一阵发凉，但她并不想让方国平看出自己的慌张，于是说道：“国平，你是看小说看多了吧，哪儿有这么多不法分子。”

舒畅现在已经非常肯定的是，方国平已经知道了自己的真实姓名，并且身份证就在他手里，却还在故意套她的话，这简直令她毛骨悚然，没想到日夜相伴的枕边人，竟然是一个如此有心机的人。他到底想要干什么？

方国平：“所以，现在外面不太平，你的车还没加好油，等油加好了，再回去也不迟。你说呢？”

舒畅看着方国平那咄咄逼人的眼神，气馁地说道：“好的，我听你的。”

当晚，二人吃完饭，结伴走在回家的路上，平时的甜蜜浪漫散步气氛，如今却笼罩在恐惧的威胁之中，这让舒畅有种羊入虎口的感觉，她后悔自己当初要留下的决定了。但她当初如果选择离开，她能够顺利离开吗？这让她不敢想，也想不到如果一开始就离开，会是个什么结局。晚上睡在床上的舒畅，被迫和方国平缠绵过后，见到方国平沉沉睡去之后，她却翻来覆去睡不着，她在脑海中，一直思索自己的身份证会被方国平藏在什么地方？方国平的家里还有什么地方是自己没有找过的呢？突然，她想到了什么，她决定第二天趁方国平不在的时候，找找这个她还没找过的地方。

昨晚，舒畅想到只有一个地方，她还没有找过，就是她和方国平现在所睡的这张双人床的下面，现在方国平上班了，她将双人床先是打开隔层，翻找了一遍，没有。又将双人床挪到了边上，就在这时，他忽然发现双人床的下面，有个不大的皮包，鼓鼓的，不知道里面有什么东西，她伸手捡了起来，拉开拉链，一摞卡片散落了下来，天哪，是几十张身份证掉在了地上，她蹲在地上翻看身份证的时候，她又惊出了一身的冷汗，因为这些身份证上面的照片和性别显示，这些全是女性的身份证，并且都是和自己的年龄相仿。她现在不得不重新想想自己刚到神楚镇所见到的一切，方国平刻意地接近她，进而又邀请她住进他家，并且和她发生了关系，获得了她的信任，现在又偷走了自己的身份证，难道都和这些躺在地上的身份证有关系吗？这些身份证上的主人都去哪里了？突然她想起了，在神楚镇附近听到的那则从收音机里播放出来的发现无名女尸的广播。一股恐怖的寒意遍布全身，突然，那曾经熟悉而现在却让她恐惧万分的声音又出现在了她的身后，“你在找什么”，舒畅知道，方国平回来了。她胆战心惊地回答：“我在……在找……我的……身……”身份证几个字，在恐惧的压力下，竟然没有说出来。“你是在找这个吧。”方国平边说边晃了晃手里的东西，印着“娄雨馨”三个字的身份证，正被方国平拿在手里。舒畅这才明白，自己为什么找不到自己的身份证了，原来一直被方国平带在身上，情急之下，舒畅用力想从方国平手上夺下自己的身份证，但方国平的手往回一缩，她扑了个空，重心不稳，一下子跌倒在地上。可当她准备起身的时候，忽然发现方国平身后还站着一个人，一个身穿大红连衣裙的女人，这要不是早上，舒畅还以为自己看到方国平身后站着个“女鬼”呢，因为她隐隐约约地感觉到，那些身份证上的人，可能已经不在人世了。她定睛仔细一看，原来这个女人竟然是自己只在照片上见过，并未谋面的主任李秀秀。容颜姣好的李秀秀冲着方国平喊了一声：“行了，国平，别再逗雨馨妹子了。”

疑惑、不解、恐惧相伴一身的舒畅被人叫起了那个尘封已久的名字，一时间许多的回忆涌上心头。当她还沉浸在回忆中的时候，方国平那令人厌恶的声音又响起在耳畔："雨馨、雨馨这个名字很好听，我喜欢，哈哈。"

"你们到底是什么人？"娄雨馨愤愤地问道。

李秀秀："卉叶山杀人事件[①]你做得很漂亮，我们不问你的过去，但你现在可以选择加入我们的组织，或者像你刚来的时候听到的那则新闻一样，被人弃尸荒野。"

娄雨馨："这里到底是什么地方？"

方国平："这里是一个逃犯落脚的地方。"

李秀秀："你、我、他，都是逃犯，以及外面的很多路人，都是逃犯。"

娄雨馨："聋哑人逃犯？"

李秀秀："这里原本的土著本身是聋哑人，我们的组织选择了这个地方，给他们带来了永久的财富，他们享受我们提供财富的同时，也加入了我们的组织。如果有人擅自误入神楚镇，如果是逃犯，通过考察，我们可以让他入伙。但如果是普通人，那就只能自认倒霉了。"

娄雨馨："我加入组织，能获得什么好处？"

方国平随手从上衣口袋中，拿出一小袋东西递给娄雨馨，袋子里面装的东西很像冰糖："我们是做这个的。"

娄雨馨："这是冰毒？"

李秀秀："聪明，我可以告诉你，我们这里的逃犯，没有小偷小摸的人，都是背负着命案的人。"

娄雨馨："看来我别无选择了！"

---

① "卉叶山杀人事件"详见《物业纠纷：发生在你身边的99个真实案例》中《黑暗之光——异闻》。

一缕清晨的阳光，照射在神楚镇外的公路上，陈靠谱驾车就行驶在这条公路上，整整第一百六十三天了，他一直未放弃寻找舒畅的踪迹，当年在国外和小伙伴开过“野车”的他，在还未获得驾照的情况下，坚持走上了这条寻人之路。

无证驾驶的危害

什么是无证驾驶，顾名思义，指的是驾驶机动车的人，在尚未获取驾照或者所持有的驾照与所允许驾驶的车型不相对应的情形下，驾驶机动车的行为。

无证驾驶主要包括以下十种情形：未经驾驶资格考试，非法取得驾驶证的；未取得驾驶证的；驾驶证已经被注销、吊销的；不符合法定驾驶条件（包括年龄和健康状况），非法取得驾驶证的；驾驶证已经被暂扣的；驾驶证已经超过有效期的；持境外机动车驾驶证在我国驾驶的；持有军队、武装警察部队驾驶证驾驶民用机动车的；未随身携带驾驶证的；驾驶机动车辆超过最高准驾车型的。

无证驾驶存巨大危害，且容易引发犯罪。司法实践中，不少机动车驾驶人，由于存在侥幸心理，认为自己本身就会开车，车技不错，只要不被交警部门查到，无证驾驶是没有关系的，也没必要去通过复杂的考试。但据我们了解，机动车驾驶人无证驾驶将造成巨大危害和惨绝人寰的悲剧。由于扰乱道路交通秩序，加上无证驾驶人员缺乏交通安全法律法规知识，以及在日常驾驶时常存有规避交警部门执法检查的侥幸心理，很容易发生超速、超员、闯红灯和不按规定车道行驶等违法行为。这样不仅影响到其他交通参与者的正常安全通行，也容易影响道路交通秩序管理工作的正常开展和维护。无证驾驶还严重威胁自己和他人生命财产安全。因为无证驾驶人缺乏必要的交通安全知识和专业驾驶技能，不遵守交通规则，而极易引发交通事故造成自己和他人的伤害，严重威胁自己和他人生命财产安全。根据我国《道路交通安全法》的相关规定，在尚未取得机动车驾驶证、机动车驾驶证被吊销或者机动车驾驶证被暂扣期间驾驶机动车的，处200元以上2000元以下罚款，并处15日以下拘留。

经典案例

1. 我被车撞了，是由机动车方承担全部责任吗？

◎ 热线陈述

王某是一名退休职工，由于年轻的时候不注意节制，长期的抽烟和酗酒给其身体造成了严重的负担。现在退休了，为了将身体调节到相对健康的状态，先是戒了烟和酒，又加强了身体锻炼，现在晨练对王某来说已经成为生活中必不可少的一部分。由于王某晨练的时候，刚好赶上上班的早高峰，所以车辆很多，为了安全起见，王某每次过马路都非常小心，对过往的车辆都是能避则避。但不幸的是，在一次晨练结束后，王某着急去市场买菜横穿马路，被一辆超速行驶的机动车撞倒。事后，这起交通事故被认定为双方负同等责任。王某认为自己虽然横穿马路，但相较于机动车一方，自己属于弱势群体，因此他认为机动车应当负全责。为此他拨通了我们的法律服务热线，咨询了相关事宜。

◎ 律师答疑

根据我国法律规定，行人通过路口或者横过道路，应当走人行横道或者过街设施；通过有交通信号灯的人行横道，应当按照交通信号灯指示通行；通过没有交通信号灯、人行横道的路口，或者在没有过街设施的路段横过道路，应当在确认安全后通过。据此可知，虽然行人面对机动车是弱势群体，但也应当遵守交通规则，本案中王某因着急买菜就采取横穿马路的行为，最后出现交通事故，并被交警认定为同等责任，因此王某需要对自己的行为负责。

2. 我不认可交警出的责任认定，该怎么办?

◎ 热线陈述

郭某家住在市郊，但工作单位却在市区，所以每天都需要开车近一个小时才能到达单位上班。话说有一天，郭某像往常一样开车行驶在上班的路上，忽然看见前方一百米处有人招手拦车，由于此时已是年关，郭某经常看法律节目，知道此时最容易出现侵财案件，于是郭某不准备停车。但他为了驾驶安全，在快靠近这名男子之时，他降低了车速，这名男子看见郭某车速降低了，便上前要求其停车，郭某本来就不打算停车，他就打了一下方向盘，准备避过此人。但此人看见郭某躲着自己，便故意上前跟着郭某躲避的方向，进行左右方向的拦截。就这样一来二去的，一个躲避不及，郭某将此人撞成重伤。事后交警通过现场勘查，认定次事故中，郭某负主要责任。郭某觉得很冤，是此人自己故意拦车的行为造成的交通事故，自己已经在最大限度内避让此人了。因此他并不认可交警出的这份责任认定书，为了解决此事，他拨通了我们的法律服务热线，咨询了此事。

◎ 律师答疑

根据我国法律规定，公安机关交通管理部门应当根据交通事故现场勘验、检查、调查情况和有关的检验、鉴定结论，及时制作交通事故认定书，作为处理交通事故的证据。交通事故认定书应当载明交通事故的基本事实、成因和当事人的责任，并送达当事人。当事人对道路交通事故认定有异议的，可以自道路交通事故认定书送达之日起三日内，向上一级公安机关交通管理部门提出书面复核申请。复核申请应当载明复核请求及其理由和主要证据。上一级公安机关交通管理部门作出责令重新认定的复核结论后，原办案单位应当撤销原道路交通事故认定书，按照《道路交通事故处理程序规定》第五十六条的规定重新制作编号不同的道路交通事故认定书，并在重新制作的道路交通事故认定书中注明撤销原道路交通事故认定书。据此可知，交通事故认定书，只是一种证据，如果当事人不服认定，可以走复议的救济途径，但请注意，对此认定不能提起行政诉讼。

3. 我是一名公交司机，出租车进站抢客源，造成交通事故，该怎么办？

◎ 热线陈述

陈某是一位开公交车的老司机，初中毕业就一直在一家老牌公交公司上班，这一干就是二十几年。全市大部分线路陈某都跑过，简直可以称为公交行业的活地图。陈某有个徒弟叫叶某，是公交公司新分配过来跟陈某熟悉线路的，叶某的手脚很勤快，陈某也很乐意带这个徒弟。某天像往常一样，由徒弟叶某开车，陈某在旁边指导，当公交车快进入某站的时候，突然一辆出租车驶入该公交站进行揽客，导致叶某不得不将公交车停靠在站外，但就在叶某减速准备停车的过程中，由于此时是上班早高峰，站台内的乘客看见叶某的公交车有停在站外的意思，就纷纷跑到站外，但前面的出租车又慢慢悠悠驶向站外，叶某看见出租车驶向站外了，叶某又将公交车开进了站内，这来来去去的几次停车，牵引着很多候车的乘客纷纷又从站外跑进站内，不幸的是，有一名乘客孙某在站内跟拥挤的人群追车的时候，被汹涌的人流挤到叶某公交车的车头附近，一个躲闪不及，就被叶某撞倒，导致发生了交通事故。叶某的师傅陈某在旁边对这起交通事故的发生从头到尾看得一清二楚，他认为这起交通事故的发生，都是由那辆“乱入”公交站的出租车引起的，应当由他负全责，为此他拨通了我们的法律服务热线，咨询了相关事宜。

◎ 律师答疑

根据我国法律规定，机动车应当在规定地点停放。禁止在人行道上停放机动车；但是，按法律规定施划的停车泊位除外。在道路上临时停车的，不得妨碍其他车辆和行人通行。车辆、行人应当按照交通信号通行；遇有交通警察现场指挥时，应当按照交通警察的指挥通行；在没有交通信号的道路上，应当在确保安全、畅通的原则下通行。机动车与非机动车驾驶人、行人之间发生交通事故，非机动车驾驶人、行人没有过错的，由机动车一方承担赔偿责任；有证据证明非机动车驾驶人、行人有过错的，根据过错程度适当减轻机动车一方的赔偿责任；机动车一方没有过错的，承担不超过百分之十的赔偿责任。据此可知，本案中，出租车“乱入”公交车车站揽客是造成本起交通事故的重要原因，其本身具有过错，但本案的特殊之处在于交通事故是由公交车造成的，公交车在进站的时候，负有安保义务，因其未尽到安保义务发生了交通事故，是本案的直接原因。由此可知，出租车和公交车负有同等责任，而候车乘客孙某在站内候车之时，未注意自身安全，跟随部分乘客跑动和拥挤着候车，其自身也具有一定的过错，在这个意义上，应当减轻机动车一方的责任。

4. 我是名司机，现在发生了连环撞车，责任该如何承担？

◎ 热线陈述

今年是赵某和刘某两人结婚十周年，二人准备好好庆祝一番，召集了一众好友在酒店里面聚会。但就在聚会进入高潮大家都很嗨的情况下，突然闯入一名女子，声称是男方赵某的情人，这让原本热闹的聚会气氛变得尴尬。女方刘某和赵某的情人在质问和咒骂声中扭打在一起。过了好一阵子，在众人将二人劝开后，刘某驾驶着机动车怒气冲冲地驶离了酒店。在路上，怒气未消的刘某又遇上了爆胎，平日里都是刘某看赵某更换轮胎，而此时刘某心中暗想："赵某，别以为我离开了你，就没法活了，新生活就从我自己更换轮胎开始。"由于刘某是真的没亲自换过轮胎，所以她更换的时候，都是凭着记忆在操作。首先她将汽车停在小型车的车道内，在未开启前后闪光灯的情况下进行更换。由于此时正处于晚上，加上光线并不是很好，郭某驾驶着一辆未开启远光大灯的机动车，正朝着刘某机动车的方向疾驶了过来，等到眼前三四十米的时候，郭某虽然采取了刹车措施，但也无济于事，只听"哐当"一声，郭某的车辆着实地撞在了刘某的车身上，所幸的是刘某年轻的时候是运动员出身，身手还算敏捷，但在躲闪的时候，还是被撞伤了。而郭某的后面，是张某驾驶着机动车也在采取紧急制动，同样存在未开远光大灯的情况，由于来不及躲闪，也撞到了郭某的机动车尾部，最终导致三辆机动车发生了连环撞车事故。现在刘某的老公赵某致电我们的法律服务热线，咨询了相关事宜。

◎ 律师答疑

根据我国法律规定，机动车驾驶人应当遵守道路交通安全法律、法规的规定，按照操作规范安全驾驶、文明驾驶。车辆、行人应当按照交通信号通行；遇有交通警察现场指挥时，应当按照交通警察的指挥通行；在没有交通信号的道路上，应当在确保安全、畅通的原则下通行。同车道行驶的机动车，后车应当与前车保持足以采取紧急制动措施的安全距离。机动车在道路上发生故障，需要停车排除故障时，驾驶人应当立即开启危险报警闪光灯，将机动车移至不妨碍交通的地方停放；难以移动的，应当持续开启危险报警闪光灯，并采取在来车方向设置警告标志等措施扩大示警距离，必要时迅速报警。机动车在道路上发生故障或者发生交通事故，妨碍交通又难以移动的，应当按照规定开启危险报警闪光灯并在车后 50 米至 100 米处设置警告标志，夜间还应当同时开启示廓灯和后位灯。据此可知，本案中刘某在出现车辆故障后，原本可以将车移动到不妨碍交通的地方，但却继续将故障车辆停在机动车车道内，违反了上述规定，造成了交通安全方面的隐患，阻碍了畅通的交通秩序，虽然刘某在此起交通事故中也受到了伤害，但正是刘某违反交通法规的行为造成此起交通事故，因此她的过错行为是该起交通事故的决定性因素，在此起事故中负有主要责任。郭某在驾驶机动车过程中并未按照规定开启远光大灯，且在行车过程中精神不集中，在发现危险的时候，为时已晚，属于未履行注意义务的违法行为。郭某车后的张某也同样存在不开远光大灯，精神不集中等违法行为，但郭张二人的违法行为并非决定性原因，所以郭张二人应当负次要责任。

5. 我是名货运司机，车被交警扣了，多久能发还?

◎ 热线陈述

赵某是名货运司机，所谓靠山吃山靠水吃水，赵某就是靠着手里这辆货车吃饭，养活了一家几口人。由于这辆大货车是贷款买的，所以每月除了生活费用之外，还需要额外偿还贷款，赵某的妻子长期卧病在床，所以赵某一家的经济来源，都指望着赵某这辆大货车。但在一次跑长途的过程中，由于前面的车辆违法在高速公路上飙车，导致发生了重大交通事故，赵某的这辆大货车也被交警扣了。没有车开，就相当于断了赵某的经济来源，因此他非常着急，拨通了我们的法律服务热线，咨询了相关事宜。

◎ 律师答疑

根据我国法律规定，交通警察应当对交通事故现场进行勘验、检查，收集证据。因收集证据的需要，公安机关交通管理部门可以扣留事故车辆及机动车行驶证，并开具行政强制措施凭证。扣留的车辆及机动车行驶证应当妥善保管。公安机关交通管理部门应当与检验、鉴定机构约定检验、鉴定完成的期限，约定的期限不得超过二十日。超过二十日的，应当报经上一级公安机关交通管理部门批准，但最长不得超过六十日。据此可知，本案中交警扣下赵某的车辆，最长期限不得超过六十日。

6. 我是个卖水果的，被军车撞了，这事谁来管？

◎ 热线陈述

李某是个地地道道的农民，主要靠地里面种植的果树维持生活。每到收获的季节，李某便会将果树上摘下来的水果拿到集市或者市场上贩卖。虽然有的时候也会有收购商找他收购水果，但随着当地经济的不景气，水果批发的价格越来越低，还不如直接拿到集市上进行贩卖赚得多。由于李某的家住得相对偏远，因此每次都是靠自用的农用三轮车出行。某天，李某又拉上一车苹果，早早地就出发，直奔某镇的集市。在路上的时候，李某就发现前面一辆迷彩色的吉普车有些不对劲，看样子司机没少喝，李某担心出事，就尽量躲着吉普车开，但由于这辆吉普车的司机在酒精的作用下，车开的是时快时慢，在并不算宽敞的马路上，正在上演着惊魂一幕。悲剧往往就在一刹那发生，原本已经小心翼翼的李某，最后还是被这辆吉普车撞翻在地。报警之后，交警来到现场，发现这辆吉普车是一辆军车，怀疑可能存在伪造的情况，但经过核实，的确是一辆军车，里面的司机也的确存在酒后驾车的行为。现场的交警告诉李某，由于这辆是军车，不属于他们管辖。真的是如此吗？李某拨通了我们的法律服务热线，咨询了相关事宜。

◎ 律师答疑

根据我国法律规定，中国人民解放军和中国人民武装警察部队在编机动车牌证、在编机动车检验以及机动车驾驶人考核工作，由中国人民解放军、中国人民武装警察部队有关部门负责。据此可知，军车的车牌、车检以及驾驶员的考核工作由军队相关部门负责，而在公路上发生的交通事故，只能由当地所属辖区的交警部门负责处理。

7. 我是个过路人，被外交车辆撞了，这事谁来管?

◎ 热线陈述

赵某平日里工作很忙，在外人眼里是个很成功的白领。由于工作压力很大，所以他一有时间，就去当地的酒吧一条街消费，缓解压力。某个周末的晚上，赵某约了几个朋友出来玩。在一家酒吧消费完之后，准备去另外一家夜店消费。但令所有人都没想到的是，他们在通过人行横道的时候，被一辆疾驰而过的车辆撞到，几个人均有不同程度的受伤，事后，该车被热心的司机齐心合力逼停在前方的路口处。后经过调查，肇事方负全责，该逃逸车系某外交车辆，驾驶员也是外交人员，并享有外交特权与豁免权。赵某其中一个朋友得知此事后，就发了愁，听说外交车辆撞了白撞，咱这根本管不了外国人。真的是这样吗？为此，赵某拨通了我们的法律服务热线，咨询了相关事宜。

◎ 律师答疑

根据我国法律规定，享有外交特权与豁免的外国人发生道路交通事故时，交通警察认为应当给予暂扣或者吊销机动车驾驶证处罚的，可以扣留其机动车驾驶证。需要检验、鉴定车辆的，公安机关交通管理部门应当征得其同意，并在检验、鉴定后立即发还；其不同意检验、鉴定的，记录在案，不强行检验、鉴定。需要对享有外交特权和豁免的外国人进行调查的，可以约谈，谈话时仅限于与道路交通事故有关的内容；本人不接受调查的，记录在案。公安机关交通管理部门应当根据收集的证据，制作道路交通事故认定书送达当事人，当事人拒绝接收的，送达至其所在机构。享有外交特权与豁免的外国人拒绝接受调查或者检验、鉴定的，其损害赔偿事宜通过外交途径解决。

8. 我被撞了，肇事者跑了，但肇事车辆上了保险，该怎么办？

◎ 热线陈述

郑某最近运气很不好，工作的时候，由于疏忽丢失了一份客户资料，被单位“炒了鱿鱼”，手里的几支股票又赶上了跌停，没有工作，投资又严重失利的他，有种“凛冬将至”的感觉。为了平复心情，郑某准备出去走走，散散心。但霉运并没有就这样远离郑某，就在郑某购买了火车票准备出行的前一天，在超市采购旅游用品的时候，竟然在超市外的马路上，被一辆小轿车撞折小腿骨，最令他生气的是，肇事者竟然弃车逃逸。这一而再的挫折，对郑某来说简直是雪上加霜，肇事者逃逸可能面临着无法赔偿的问题。不过幸运的是，这辆肇事车已经上了第三者强制责任险，但问题是，现在肇事者跑了，这起事故被交警部门认定为找肇事逃逸司机负全责，他可以直接起诉相关的保险公司索赔吗？为此，他拨通了我们的法律服务热线，咨询了相关问题。

◎ **律师答疑**

根据我国法律规定，医疗机构对交通事故中的受伤人员应当及时抢救，不得因抢救费用未及时支付而拖延救治。肇事车辆参加机动车第三者责任强制保险的，由保险公司在责任限额范围内支付抢救费用；抢救费用超过责任限额的，未参加机动车第三者责任强制保险或者肇事后逃逸的，由道路交通事故社会救助基金先行垫付部分或者全部抢救费用，道路交通事故社会救助基金管理机构有权向交通事故责任人追偿。据此可知，本案中的郑某可以直接起诉相关保险公司，保险公司应当在责任限额内支付郑某因交通事故所产生的救治费用。

9. 我为了躲避违规横穿马路的行人，撞死了他人，该怎么办？

◎ **热线陈述**

孙某是一位专车司机，通过时下流行的专车软件拉活，由于这样打车性价比很高，所以孙某的生意也很火，忙的时候，连中午饭都顾不上吃。这一天，孙某手机上的专车 APP 软件又收到一单生意，中午饭刚吃到一半的他，放下手中的餐具，开车直奔软件 GPS 中提示的载客点。孙某担心这单生意被同行抢走，所以开得很匆忙，就在这个过程中，突然有个行人赵某违规横穿马路，如果此时孙某不采取相应的措施，将直接撞在这名行人身上，于是他急忙打方向盘尽量避免撞到这个行人，但悲剧还是发生了。虽然没有撞到赵某，但孙某为了躲避赵某，只能将自己的机动车驶入非机动车道，由于车速很快，将在非机动车道骑自行车的吴某撞倒，吴某倒地的时候，头部着地，当场死亡。现在孙某致电我们的法律服务热线，咨询在这起交通事故中，责任该如何认定？

◎ 律师答疑

根据我国法律规定，因紧急避险造成损害的，由引起险情发生的人承担民事责任。如果危险是由自然原因引起的，紧急避险人不承担民事责任或者承担适当的民事责任。因紧急避险采取措施不当或者超过必要的限度，造成不应有的损害的，紧急避险人应当承担适当的民事责任。本案中，孙某在发现赵某违规横穿马路的时候，采取了紧急措施，避免与他相撞，致使自己的机动车驶入非机动车道，孙某的行为属于法律上的紧急避险，但驶入非机动车道的孙某，还是发生了悲剧，将另外一名骑自行车的吴某撞致身亡，这属于避险不当。在这起交通事故中，开专车的孙某和违规横穿马路的赵某均有过错，应当承担同等责任。

10. 天气恶劣，导致发生交通事故，我需要承担责任吗？

◎ 热线陈述

周某和吴某合伙跑长途，运送货物，一般情况下都是去的时候，由周某开车，吴某负责押车。回来的时候，吴某开车，周某休息，所以在这种相对合理的开车安排下，一直没有出过交通事故，家里人对此也很放心。某天，周某接到南方某市一个老板的电话，请其将一批生产皮鞋的原料，送至南方某市。在价格谈好后，这哥俩就准备开车上路了，在上路之前，他们都会对车辆进行相应的监测，在这个过程中，吴某发现大货车的雾灯出现故障，建议修一下，遇上下雾是很危险的。

周某却说，时间紧，来不及修了，再说了，这艳阳高照的天气，不可能下雾，这年头钱不好赚，咱们还是能省则省吧。于是二人拉上这批皮鞋原材料，就匆匆上路了。当车辆行驶至南方某市境内之时，突然遇上百年难得一见的大雾天气，在车辆雾灯失效的情况下，路面的能见度极低，吴某建议将车靠边，等雾散了再走，周某却对吴某说："你怎么这么磨磨叽叽的，咱们时间很紧，这么大的雾天，路上没几个人的。"于是就在这种情况下，车辆继续向前行使，当车辆又行驶到一条尚未划分机动车道和非机动车道的公路上时，悲剧发生了，周某驾驶的车辆撞上一辆农用三轮车，导致农用三轮车驾驶人重伤。周某认为，之所以出现交通事故，是当地恶劣的天气原因造成的，真的是这样吗？他的哥儿们吴某拨通了我们的法律服务热线，咨询了相关事宜。

◎ 律师答疑

根据我国法律规定，因不可抗力不能履行合同或者造成他人损害的，不承担民事责任，法律另有规定的除外。本法所称的"不可抗力"，是指不能预见、不能避免并不能克服的客观情况。据此可知，本案中虽然遇见了大雾天气，但机动车驾驶人周某在明知车辆雾灯故障无法使用的情况下，继续上路，且旁边的吴某也提示过周某，如果不修雾灯，会出现危险。这说明周某能够预见到因雾灯故障可能导致的交通事故危险，因此，本案中出现的交通事故，不能以天气原因免责。

11. 我是有驾照的司机，撞了一个无证驾驶的车辆，责任如何承担?

◎ 热线陈述

刘某是某运输队的客运司机，长期工作在为某市供给蔬菜的第一线，即辛苦又光荣。但刘某有个不好的习惯，就是在每次安全送完蔬菜之后，中间休息的时候，老是喜欢偷偷地喝上一杯，他认为自己酒量好，就喝二两酒，开车的时候，肯定没问题。某天早上刘某像往常一样将蔬菜送到了某市管理站，由于天气非常的冷，刘某躲在车里休息的时候，又偷偷拿出一瓶白酒，往嘴里灌了两口。往常的时候，天气还算正常，喝两口之后，刘某就不喝了，但今天的天气异常的寒冷，刘某就又多灌了两口，并且越喝越带劲，不知不觉间，一瓶酒有三分之二下了肚。一个小时后，返程的时间到了，刘某还像没事人似的开车行驶在回家的路上。但在酒精的促使下，刘某的车开得飞快，在红灯的情况下，毫无减速停止的意思，直接撞上一辆由高某驾驶的正在通过绿灯的机动车，导致了严重的交通事故。在后续调查的时候，交警发现高某虽然属于正常驾驶机动车行驶，但他竟然没有驾照，据高某交代，自己正在驾校学习，还未获得驾照。那么在这起交通事故中，责任该如何承担？为此，刘某的亲属拨通了我们的法律服务热线，咨询了相关事宜。

◎ 律师答疑

根据我国法律规定，公安机关交通管理部门应当根据交通事故当事人的行为对发生交通事故所起的作用以及过错的严重程度，确定当事人的责任。（一）因一方当事人的过错导致道路交通事故的，承担全部责任；（二）因两方或者两方以上当事人的过错发生道路交通事故的，根据其行为对事故发生的作用以及过错的严重程度，分别承担主要责任、同等责任和次要责任；（三）各方均无导致道路交通事故的过错，属于交通意外事故的，各方均无责任。一方当事人故意造成道路交通事故的，他方无责任。省级公安机关可以根据有关法律、法规制定具体的道路交通事故责任确定细则或者标准。未取得机动车驾驶证、机动车驾驶证被吊销或者机动车驾驶证被暂扣期间驾驶机动车的，由公安机关交通管理部门处二百元以上二千元以下罚款：据此可知，在本案中，该起交通事故的引发是由刘某酒后驾车擅闯红灯所导致的，根据其过错程度，在本起交通事故中承担全部责任。而高某虽然属于无证驾驶，但其行为并不能引起本案中的交通事故，因此其在该起交通事故中不承担责任。此外，由于高某存在无证驾驶行为，交警部门应当对其处以二百元以上二千元以下罚款。

12. 我骑车逆行撞了个小孩，责任该如何承担？

◎ 热线陈述

孙某是个上班族，但他的家离单位很近，步行也就 20 多分钟，如果骑自行车，顶多 10 分钟就到了，所以孙某经常骑自行车上下班。一天午后，孙某由于睡午觉睡过头了，睁眼的时候，看见还有七八分钟就迟到了，所以赶紧穿上衣服，出门骑上自行车就奔单位的方向去了。为了抄近道，孙某骑着自行车行驶在逆行非机动车道上，而刚好对面有个 11 岁的小孩胡某，也骑着自行车准备上学去，只听砰的一声，孙某和胡某相撞，胡某右侧太阳穴着地，太阳穴位置出现擦伤痕迹，孙某只是被撞得坐在了地下，当时双方都没什么事，因此在相互询问之后，也就没有报警，两人扶起自行车，就各自朝着目的地骑行而去。晚上的时候，胡某突然昏厥，被家人送至医院进行抢救，经过抢救之后，暂时脱离生命危险。之后胡某的家属报案，认为他们家胡某是被孙某撞了之后，才出现如此危险的症状的，要求法办。孙某的家人在被警方找到之后，知悉了此事，并致电了我们的法律服务热线，咨询了相关事宜。

◎ **律师答疑**

根据我国法律规定，在道路上发生交通事故，车辆驾驶人应当立即停车，保护现场；造成人身伤亡的，车辆驾驶人应当立即抢救受伤人员，并迅速报告执勤的交通警察或者公安机关交通管理部门。因抢救受伤人员变动现场的，应当标明位置。乘车人、过往车辆驾驶人、过往行人应当予以协助。在道路上发生交通事故，未造成人身伤亡，当事人对事实及成因无争议的，可以即行撤离现场，恢复交通，自行协商处理损害赔偿事宜；不即行撤离现场的，应当迅速报告执勤的交通警察或者公安机关交通管理部门。在道路上发生交通事故，仅造成轻微财产损失，并且基本事实清楚的，当事人应当先撤离现场再进行协商处理。本案中，双方均未报案，首先，作为成年人的孙某在知悉自己出现交通事故的情况下，理应报案。而作为未成年人的胡某在这方面不具有相关知识，不报案可以理解，但如果其监护人知悉此事的话，亦应当报案。其次，这起交通事故之所以会发生，究其原因是孙某逆行所致，因此应当由孙某承担全部责任。最后，笔者在此提醒读者，如果出现交通事故，大家应当采取如下措施：（1）向就近的执勤交通民警报告；（2）拨打 122、120、999 等报警和救治电话；（3）可以请求过路人报警；（4）如果发生在偏远郊区，可以拨打 110 向当地的公安机关或者其他行政部门报案；（5）报案应当具体描述事故发生的时间、地点、车牌号、损失、伤员等情况；（6）如果车辆相撞引发火灾的话，应当先拨打 119 火警电话。

13. 我买了一辆报废车，出现交通事故，责任该如何承担？

◎ **热线陈述**

高某是某国有企业的班车司机，后由于企业不景气，导致其下岗。

高某下岗后为了谋生，决定拉活跑运输。高某胆子大，为了节省成本，在叶某处购买了一辆已经达到报废年限的小公共汽车，但未办理过户手续。准备在某镇到某县城的一条山间公路上拉黑活。正所谓“常在河边走，怎能不湿鞋”，某天中午高某开着这辆已经达到报废年限的小公共，在山间公路上行驶的时候，刹车和方向盘突然失灵，撞上一辆对面开过来的面包车。后经过交警鉴定，高某负全责。现在高某的家属致电我们的法律服务热线，咨询了相关事宜。

◎ 律师答疑

根据我国法律规定，有下列情形之一的，应当办理相应的登记：（一）机动车所有权发生转移的；（二）机动车登记内容变更的；（三）机动车用作抵押的；（四）机动车报废的。已注册登记的机动车所有权发生转移的，应当及时办理转移登记。国家实行机动车强制报废制度，根据机动车的安全技术状况和不同用途，规定不同的报废标准。应当报废的机动车必须及时办理注销登记。达到报废标准的机动车不得上道路行驶。报废的大型客、货车及其他营运车辆应当在公安机关交通管理部门的监督下解体。当事人之间已经以买卖等方式转让并交付机动车但未办理所有权转移登记，发生交通事故后属于该机动车一方责任的，由保险公司在机动车强制保险责任限额范围内予以赔偿。不足部分，由受让人承担赔偿责任。以买卖等方式转让拼装或者已达到报废标准的机动车，发生交通事故造成损害的，由转让人和受让人承担连带责任。据此可知，本案中高某明知其购买的车辆是已经达到报废年限不能上路营运的车辆，在拉黑活的过程中，发生刹车和转向失灵的故障，导致了交通事故的发生，其承担全责，该车辆的登记者叶某将法律禁止出售的报废车辆，出售给高某，在这起交通事故中同样负有侵权责任，应当与高某承担连带赔偿责任。

14. 我的车在外地被偷了，未及时报案，该怎么办？

◎ 热线陈述

郭某放假的时候开车和同伴自驾游，行至某山脚下的时候，发现景色很好，众人皆被当地的风景所吸引，于是大家同意停车在此地游玩。中午的时候，又在附近找了一家农家乐，解决午饭问题。酒足饭饱之后，同行之人建议大家都喝了酒，不宜开车上路，还是在此地暂住一天为妥。既然决定留下，郭某等人畅快地在当地游玩了起来，一天时间过得很快，加上半天的舟车劳顿，大家早早地在农家乐里面就寝。第二天清晨，吃完早饭，收拾好行李准备上路之时，突然发现郭某的车辆不翼而飞，应当是被人给偷了。郭某为人豪爽，并不想扫众人的兴，加上自己的车辆上了盗窃险，所以当时并没有报警处理。一周之后，众人踏上返途过程中，郭某担心车辆被盗之后，车辆如果出现交通事故，到时候责任认定的时候，怕说不清，这才将此事向当地警方报了警。现在郭某要求保险公司按照保险合同赔偿，但保险公司认为郭某未在车辆被盗后48小时内报警，因此拒绝赔偿。由于双方对此事无法达成和解，郭某致电我们的法律服务热线，咨询了相关事宜。

◎ 律师答疑

根据我国法律规定，保险车辆发生保险事故后，被保险人应当采取合理的保护、施救措施，并立即向事故发生地交通管理部门报案，同时在48小时内通知保险人。被保险人不履行上述义务，保险人有权拒绝赔偿或自书面通知之日起解除保险合同；已赔偿的，保险人有权追回已付保险赔款。本案中，郭某在车辆被盗之后，有义务在48小时之内报警处理，由于未报警处理，遭到保险公司拒赔，依据上述规定，保险公司完全有理由拒赔。

15. 我在村里面撞了人，责任该如何承担？

◎ 热线陈述

刘某是地地道道的农民，过着面朝黄土背朝天的日子，每次到农忙的时候，一家老小都忙忙碌碌起来。刘某家里有辆农用三轮车，刘某是个热心肠，平日里经常帮村民拉活。话说又到了农忙的季节，同村的村民杨某让其帮忙拉活，刘某为了不耽误杨某的事，就抓紧时间先把自家的农活忙完，然后开动农用三轮车，直奔杨某的家。由于刘某的家住在村东头，杨某的家住在村西头，在去杨某家路上，有一段路程被四周的树木包围着，视野并不好，尤其在拐弯的时候，很容易出现交通事故，由于刘某着急去杨某家，并未注意此时已经到了事故多发路段。突然，只听得一声急刹车的声音在这条路段中刺耳地响起，并伴随着人的哀号声，交通事故发生了。原来刘某的农用三轮车在拐弯的时候，撞上了在附近走路的村民王某。在报警处理后，关于责任认定方面，受伤者王某和驾驶员刘某均认为对方有过错，明知此地容易出现交通事故，就应当多加小心。现在刘某致电我们的法律服务热线，咨询了相关事宜。

◎ 律师答疑

根据我国法律规定，“道路”，是指公路、城市道路和虽在单位管辖范围但允许社会机动车通行的地方，包括广场、公共停车场等用于公众通行的场所。车辆在道路以外通行时发生的事故，公安机关交通管理部门接到报案的，参照本法有关规定办理。机动车发生交通事故造成人身伤亡、财产损失的，由保险公司在机动车第三者责任强制保险责任限额范围内予以赔偿；不足的部分，按照下列规定承担赔偿责任：（一）机动车之间发生交通事故的，由有过错的一方承担赔偿责任；双方都有过错的，按照各自过错的比例分担责任。（二）机动车与非机动车驾驶人、行人之间发生交通事故，非机动车驾驶人、行人没有过错的，由机动车一方承担赔偿责任；有证据证明非机动车驾驶人、行人有过错的，根据过错程度适当减轻机动车一方的赔偿责任；机动车一方没有过错的，承担不超过百分之十的赔偿责任。交通事故的损失是由非机动车驾驶人、行人故意碰撞机动车造成的，机动车一方不承担赔偿责任。在本案中，这起交通事故是发生在乡间道路上的，因此是一起非道路交通事故，此外本案中还将引入一个“优者危险负担”原则，指的是受害人在具有过失的情况下，鉴于双方对道路交通法规注意义务的不同，依据机动车危险性的大小以及危险回避能力的优劣，分配承担交通事故的损害后果。之所以适用“优者危险负担”原则，目的是贯彻交通事故中的公平责任原则，合理划分责任负担，调整在交通事故中加害人和受害人之间的关系。以本案为例，在农用三轮车和村民王某之间，二者在乡村道路上的通行权是不平等的，相对于农用三轮车而言，村民王某明显处于弱势地位，此时由于农用三轮车的危险性大于行人，因此农用三轮车驾驶人的刘某注意义务就大于王某，因此在承担本起交通事故的民事责任之时，刘某的责任就大于王某。如果在一起交通事故中，机动车一方没有过错，行人一方具有完全的过错，在这种情况下，根据“优者危险负担”原则，机动车一方也不能免责，只能主张减轻自己的责任。在上述这起交通事故中，由于双方视线均受阻于周围的树木，在均未尽到合理注意义务的情况下，通过事故多发地段，双方均有过错，而行人王某一方处于弱势地位，因此应当由农用三轮车刘某一方负担主要责任。

法条链接

《民法通则》

第一百零七条 因不可抗力不能履行合同或者造成他人损害的，不承担民事责任，法律另有规定的除外。

第一百二十九条 因紧急避险造成损害的，由引起险情发生的人承担民事责任。如果危险是由自然原因引起的，紧急避险人不承担民事责任或者承担适当的民事责任。因紧急避险采取措施不当或者超过必要的限度，造成不应有的损害的，紧急避险人应当承担适当的民事责任。

第一百五十三条 本法所称的“不可抗力”，是指不能预见、不能避免并不能克服的客观情况。

《道路交通安全法》

第十二条 有下列情形之一的，应当办理相应的登记：

（一）机动车所有权发生转移的；

（二）机动车登记内容变更的；

（三）机动车用作抵押的；

（四）机动车报废的。

第十四条 国家实行机动车强制报废制度，根据机动车的安全技术状况和不同用途，规定不同的报废标准。

应当报废的机动车必须及时办理注销登记。

达到报废标准的机动车不得上道路行驶。报废的大型客、货车及其他营运车辆应当在公安机关交通管理部门的监督下解体。

第二十二条 机动车驾驶人应当遵守道路交通安全法律、法规的规定，按照操作规范安全驾驶、文明驾驶。

饮酒、服用国家管制的精神药品或者麻醉药品，或者患有妨碍安全驾驶机动车的疾病，或者过度疲劳影响安全驾驶的，不得驾驶机动车。

任何人不得强迫、指使、纵容驾驶人违反道路交通安全法律、法规和机动车安全驾驶要求驾驶机动车。

第三十八条 车辆、行人应当按照交通信号通行；遇有交通警察现场指挥时，应当按照交通警察的指挥通行；在没有交通信号的道路上，应当在确保安全、畅通的原则下通行。

第四十三条 同车道行驶的机动车，后车应当与前车保持足以采取紧急制动措施的安全距离。有下列情形之一的，不得超车：

（一）前车正在左转弯、掉头、超车的；

（二）与对面来车有会车可能的；

（三）前车为执行紧急任务的警车、消防车、救护车、工程救险车的；

（四）行经铁路道口、交叉路口、窄桥、弯道、陡坡、隧道、人行横道、市区交通流量大的路段等没有超车条件的。

第五十二条 机动车在道路上发生故障，需要停车排除故障时，驾驶人应当立即开启危险报警闪光灯，将机动车移至不妨碍交通的地方停放；难以移动的，应当持续开启危险报警闪光灯，并在来车方向设置警告标志等措施扩大示警距离，必要时迅速报警。

第五十六条 机动车应当在规定地点停放。禁止在人行道上停放机动车；但是，依照本法第三十三条规定施划的停车泊位除外。

在道路上临时停车的，不得妨碍其他车辆和行人通行。

第七十条 在道路上发生交通事故，车辆驾驶人应当立即停车，保护现场；造成人身伤亡的，车辆驾驶人应当立即抢救受伤人员，并迅速报告执勤的交通警察或者公安机关交通管理部门。因抢救受伤人员变动现场的，应当标明位置。乘车人、过往车辆驾驶人、过往行人应当予以协助。

在道路上发生交通事故，未造成人身伤亡，当事人对事实及成因无争议的，可以即行撤离现场，恢复交通，自行协商处理损害赔偿事宜；不即行撤离现场的，应当迅速报告执勤的交通警察或者公安机关交通管理部门。

在道路上发生交通事故，仅造成轻微财产损失，并且基本事实清楚的，当事人应当先撤离现场再进行协商处理。

第七十二条 公安机关交通管理部门接到交通事故报警后，应当立即派交通警察赶赴现场，先组织抢救受伤人员，并采取措施，尽快恢复交通。

交通警察应当对交通事故现场进行勘验、检查，收集证据；因收集证据的需要，可以扣留事故车辆，但是应当妥善保管，以备核查。

对当事人的生理、精神状况等专业性较强的检验，公安机关交通管理部门应当委托专门机构进行鉴定。鉴定结论应当由鉴定人签名。

第七十三条 公安机关交通管理部门应当根据交通事故现场勘验、检查、调查情况和有关的检验、鉴定结论，及时制作交通事故认定书，作为处理交通事故的证据。交通事故认定书应当载明交通事故的基本事实、成因和当事人的责任，并送达当事人。

第七十五条 医疗机构对交通事故中的受伤人员应当及时抢救，不得因抢救费用未及时支付而拖延救治。肇事车辆参加机动车第三者责任强制保险的，由保险公司在责任限额范围内支付抢救费用；抢救费用超过责任限额的，未参加机动车第三者责任强制保险或者肇事后逃逸的，由道路交通事故社会救助基金先行垫付部分或者全部抢救费用，道路交通事故社会救助基金管理机构有权向交通事故责任人追偿。

第七十六条 机动车发生交通事故造成人身伤亡、财产损失的，由保险公司在机动车第三者责任强制保险责任限额范围内予以赔偿；不足的部分，按照下列规定承担赔偿责任：

（一）机动车之间发生交通事故的，由有过错的一方承担赔偿责任；

双方都有过错的，按照各自过错的比例分担责任。

（二）机动车与非机动车驾驶人、行人之间发生交通事故，非机动车驾驶人、行人没有过错的，由机动车一方承担赔偿责任；有证据证明非机动车驾驶人、行人有过错的，根据过错程度适当减轻机动车一方的赔偿责任；机动车一方没有过错的，承担不超过百分之十的赔偿责任。

交通事故的损失是由非机动车驾驶人、行人故意碰撞机动车造成的，机动车一方不承担赔偿责任。

第七十七条 车辆在道路以外通行时发生的事故，公安机关交通管理部门接到报案的，参照本法有关规定办理。

第一百一十九条 本法中下列用语的含义：

（一）“道路”，是指公路、城市道路和虽在单位管辖范围但允许社会机动车通行的地方，包括广场、公共停车场等用于公众通行的场所。

（二）“车辆”，是指机动车和非机动车。

（三）“机动车”，是指以动力装置驱动或者牵引，上道路行驶的供人员乘用或者用于运送物品以及进行工程专项作业的轮式车辆。

（四）“非机动车”，是指以人力或者畜力驱动，上道路行驶的交通工具，以及虽有动力装置驱动但设计最高时速、空车质量、外形尺寸符合有关国家标准的残疾人机动轮椅车、电动自行车等交通工具。

（五）“交通事故”，是指车辆在道路上因过错或者意外造成的人身伤亡或者财产损失的事件。

第一百二十条 中国人民解放军和中国人民武装警察部队在编机动车牌证、在编机动车检验以及机动车驾驶人考核工作，由中国人民解放军、中国人民武装警察部队有关部门负责。

《道路交通安全法实施条例》

第六十条 机动车在道路上发生故障或者发生交通事故，妨碍交通又难以移动的，应当按照规定开启危险报警闪光灯并在车后50米至

100 米处设置警告标志，夜间还应当同时开启示廓灯和后位灯。

《道路交通事故处理工作规范》

第六十九条 上一级公安机关交通管理部门作出责令重新认定的复核结论后，原办案单位应当撤销原道路交通事故认定书，按照《道路交通事故处理程序规定》第五十六条的规定重新制作编号不同的道路交通事故认定书，并在重新制作的道路交通事故认定书中注明撤销原道路交通事故认定书。

《道路交通事故处理程序规定》

第二十八条 因收集证据的需要，公安机关交通管理部门可以扣留事故车辆及机动车行驶证，并开具行政强制措施凭证。扣留的车辆及机动车行驶证应当妥善保管。

公安机关交通管理部门不得扣留事故车辆所载货物。对所载货物在核实重量、体积及货物损失后，通知机动车驾驶人或者货物所有人自行处理。无法通知当事人或者当事人不自行处理的，按照《公安机关办理行政案件程序规定》的有关规定办理。

第四十六条 公安机关交通管理部门应当根据当事人的行为对发生道路交通事故所起的作用以及过错的严重程度，确定当事人的责任。

（一）因一方当事人的过错导致道路交通事故的，承担全部责任；

（二）因两方或者两方以上当事人的过错发生道路交通事故的，根据其行为对事故发生的作用以及过错的严重程度，分别承担主要责任、同等责任和次要责任；

（三）各方均无导致道路交通事故的过错，属于交通意外事故的，各方均无责任。

一方当事人故意造成道路交通事故的，他方无责任。

省级公安机关可以根据有关法律、法规制定具体的道路交通事故责任确定细则或者标准。

第五十一条 当事人对道路交通事故认定有异议的，可以自道路交通事故认定书送达之日起三日内，向上一级公安机关交通管理部门提出书面复核申请。

复核申请应当载明复核请求及其理由和主要证据。

第七十二条 享有外交特权与豁免的外国人发生道路交通事故时，交通警察认为应当给予暂扣或者吊销机动车驾驶证处罚的，可以扣留其机动车驾驶证。需要检验、鉴定车辆的，公安机关交通管理部门应当征得其同意，并在检验、鉴定后立即发还；其不同意检验、鉴定的，记录在案，不强行检验、鉴定。需要对享有外交特权和豁免的外国人进行调查的，可以约谈，谈话时仅限于与道路交通事故有关的内容；本人不接受调查的，记录在案。

公安机关交通管理部门应当根据收集的证据，制作道路交通事故认定书送达当事人，当事人拒绝接收的，送达至其所在机构。

享有外交特权与豁免的外国人拒绝接受调查或者检验、鉴定的，其损害赔偿事宜通过外交途径解决。

《侵权责任法》

第五十条 当事人之间已经以买卖等方式转让并交付机动车但未办理所有权转移登记，发生交通事故后属于该机动车一方责任的，由保险公司在机动车强制保险责任限额范围内予以赔偿。不足部分，由受让人承担赔偿责任。

第五十一条 以买卖等方式转让拼装或者已达到报废标准的机动车，发生交通事故造成损害的，由转让人和受让人承担连带责任。

《机动车辆保险条款》

第二十五条 保险车辆发生保险事故后，被保险人应当采取合理的保护、施救措施，并立即向事故发生地交通管理部门报案，同时在48小时内通知保险人。

第二十六条 被保险人索赔时不得有隐瞒事实、伪造单证、制造假案等欺诈行为。

第二十七条 被保险人不履行本条款第二十一条至第二十六条规定的义务，保险人有权拒绝赔偿或自书面通知之日起解除保险合同；已赔偿的，保险人有权追回已付保险赔款。

第三章　交通纠纷赔偿那些事儿

精品普法剧

迷　案

午夜的晚风吹过敖寒的面庞，一个人坐在教学楼天台，望着夜空中的星星，思念与孤独感犹如这夜风，拂面而过，却又难以触及。李秀秀的离开，让他受打击很大，他一直认为两个人之间只要有感情，其他事情都可以排在其次，但残酷的现实告诉他，在大都市的灯红酒绿面前，谈感情可能太过奢侈了。

为了能够尽快赚到钱，敖寒经常出入一些灯红酒绿的场合，认识一些出手阔绰的年轻人，他觉得如果能够把握住这些机会，赚大钱的机会就越来越近了。一个偶然的机会，敖寒竟然发现自己学校的讲师陈竟志也常出入这个灯红酒绿的圈子，由于敖寒和陈竟志外形长得很相像，所以圈内人经常将二人搞混。某天二人在一块儿玩的时候，陈竟志告诉敖寒有个赚快钱的机会，要不要试试？

敖寒："什么样的机会？能赚多少？"

陈竟志："我知道你的英语水平很好，要不是为了继承你老子的修车行，也不会来山城职业技术学院。"

敖寒："赚快钱跟英语有关？"

陈竞志："必须有关，这年头什么不得跟国际接轨，懂外语，就是多了一门谋生的手段。"说完，便用眼扫向了那些在灯红酒绿中疯狂摇摆的外国人。

敖寒："龌龊的事，别找我。"

陈竞志："哈哈，还挺有性格，小子，我是让你给我女朋友当英语家教，我过不了多久就要出国了，想给她找个英语家教，到时候出国后，生活什么的都方便。"

敖寒："为什么不找专业的英语培训机构？"

陈竞志："我调查过你，你曾经在某英语学院学习过一阵，并且很早就过了英语专八，可不知道你为何中途就不念了。算了，这其中的缘由，我也不想知道，找个英语专八的老师，足够教我女朋友了。"

敖寒："费用怎么算？"

陈竞志："一小时两百，每天四个小时，两个月的时间。"

敖寒："够爽快，接了。"

陈竞志："周末你准备准备，周一我带你去。"

从这个周末开始，敖寒决定利用这两个月的时间，好好赚钱。周一陈竞志开车将敖寒送到了他女朋友住的地方，一个盖在度假村里面的三层小楼前，从外面看上去，很有古朴的味道。在陈竞志的引领下，来到了二楼，一个坐着轮椅的女人在书房的窗前，看着窗外的风景，当女人转过身来的时候，敖寒惊呆了，眼前的女人简直和自己的前女友李秀秀长得一模一样，足以用双胞胎来形容。

陈竞志："这是我女朋友王思思，她的脚上礼拜去爬山弄伤了，刚好利用这段时间，在家休息，充充电。"

敖寒："嗯，你好，我是你的家教敖寒。"

王思思："哦，你好。"

王思思说得轻描淡写，并且明显对敖寒这个家教没有兴趣，确切地说，对学习英语毫无兴趣。

如果换作别人，敖寒肯定对这种有“公主病”的女人嗤之以鼻，但面对跟李秀秀长得如此之像的王思思，变得有点唯唯诺诺，他担心如果对方嫌弃自己，换掉他的话，损失的可不只是赚钱机会这么简单。因为他想用更多的时间陪伴在王思思身边，就好像李秀秀又回到自己身边一样。

王思思：“去我房间吧。”

敖寒：“不在书房上课吗？”

王思思：“我不喜欢这个房间。”

敖寒：“好吧。”

敖寒跟着王思思的轮椅穿过二层楼的走廊，来到王思思的卧室，王思思告诉敖寒，以后就在这里上课，敖寒便把随身携带的教材放在了卧室的书桌上。王思思的卧室东面墙上，挂满了她和陈竞志的照片，看得出二人感情很好。除了房屋必备的家具外，还有一些他叫不上名字的名牌包包和服饰，似乎每一件都是限量版的物品。

王思思：“我们今天就开始上课吗？”

敖寒：“对啊，时间很紧，我得保证你两个月后能跟老外进行简单的交流。”

王思思：“天哪，要学两个月这么久。”

敖寒：“学习英语很有意思的。”

王思思：“我的英语基础很差，不知道我们应当从哪里开始？”

敖寒：“没事，你可以相信我，我保证两个月能教会你很多的内容。”

王思思：“算了，随便吧，反正你赚你的钱，我也只是应付陈竞志而已。”

敖寒：“应付？”

王思思：“不该打听的，就少打听。”

敖寒："……好吧，那么我们上课吧。"

虽然，王思思说自己的英语基础很差，但只要在她不发小姐脾气的时候，英语学习进度并不慢，这甚至让敖寒觉得王思思是在耍自己，她的英语基础一点都不差，但没有办法，前女友李秀秀一直是敖寒心中的女神，现在遇见跟李秀秀长得很像的王思思，他只有投降的份，并且教得认真至极。

第一天的课程很快就上完了，在临走的时候，王思思很神秘地给了他一张纸条，让他帮忙翻译上面的内容，由于这纸条上面的词汇生僻，他告诉王思思，这需要自己回去查专业词典才行。王思思对此并没有什么意见，但叮嘱他不要让陈竞志知道。这虽然让敖寒有点疑心，但女神的吩咐，敖寒只有唯命是从的份。

接下来的一段时间，王思思每天都会给敖寒一张纸条，但敖寒发现陈竞志的脸色越来越差，起初的时候，敖寒还认为是陈竞志不高兴王思思给自己纸条，但随着时间的推移敖寒发现，陈竞志的脸色是一种病容，而非表情。并且通过对纸条翻译出来的内容来看，刚开始的时候，敖寒还以为是什么历史方面的内容，但随着内容的增多，信息量的增大，敖寒发现了一个惊人的秘密，这纸条上面的内容记载的是西方神秘的女巫之术，并且采用的都是血淋淋的手法，看完之后简直不寒而栗。虽然敖寒也就此事问过王思思，但王思思还是以那句"不该问的，就别问。"把他噎得说不出话来。此时，他甚至怀疑，是不是王思思掌握了某种巫术，要对陈竞志谋财害命。但为了替王思思保守秘密，他并没有将此事告诉任何人。

一天晚上，敖寒正在和同宿舍的赵大鹏、宋茂坤在学校外面的大排档"撸串"吃烧烤的时候，忽然接到了陌生号码的电话，而里面的声音正是来自王思思，并且有些焦急和虚弱，她问他今晚能过来吗？由于当天的授课已经结束了，这么晚王思思叫自己过去，肯定有什么急事，所以敖寒不假思索地就答应了，让她等自己。

来到王思思身边的时候，王思思脸色惨白地看着敖寒，敖寒：“思思，你怎么了？”此时的王思思仿佛连话说的力气都没有，用手指了指旁边的录音笔，敖寒打开录音笔，里面传出王思思虚弱的声音：“敖寒，这段时间辛苦你了，我每天给你的字条，我想你应该也大致看懂其中的内容了，其实我的腿并不是因为什么爬山受的伤，而是被陈竞志施了西方一种最凶残的换血巫术。他之所以实施这种巫术，是因为他自己得了绝症，并且是晚期，为此他不择手段寻找救命之法。这种巫术需要先将病患之血转移到被特别选定的女人身上，在女性身体内循环七七四十九天之后，再次转移到被特别选定的男人身上，而不幸的是，你就是那个被陈竞志选择的男性，虽然陈竞志告诉我，只要把巫血转移给你，我就安然无事，但我并不想做如此伤天害理的事情，所以今天趁他不在家的时候，我把你叫来，你只要去地下室，按照我后面说的方法，破坏掉陈竞志种下的‘巫种’，咱俩都会相安无事。”

敖寒看着王思思一脸的病容，想着刚才王思思通过录音笔向自己传达的破解方法，他毫不犹豫地按照王思思的指引来到了陈竞志家的地下室。地下室已经被陈竞志布置得阴暗而恐怖，敖寒甚至感觉到黑暗中有某种什么神秘的东西一直在注视着自己。按照王思思说的方法，敖寒先是将放置“巫种”的器皿端了起来，将里面浸泡的牲畜祭品拿出，并用旁边的铜制刀具，分割数块，最后将所有的东西，掩埋在院子的后花园。

当一切都结束的时候，敖寒突然感觉一阵头晕，意识突然开始模糊起来。当他醒来的时候，他发觉自己竟然还在地下室，但四肢却用不上力气，而身边却站着陈竞志和王思思。

敖寒：“我怎么动不了了？你们要干什么？”

陈竞志一脸坏笑地说：“敖同学，感谢你一个多月以来陪在王思思身边，这是两个月的工资，不过你可能花不上了。”

敖寒：“你们要杀我？我什么地方得罪你们了。”

陈竞志："我们怎么会杀你。啊哈哈哈。"

敖寒："那你们要干什么？"

王思思站在陈竞志身边，一句话也没说，表情木然地盯着敖寒。但敖寒能感觉出，王思思的眼神中透露着复杂的神情。而陈竞志一副奸计得逞的表情，像猫戏耗子一般，看着被自己玩弄于股掌之中的敖寒。

敖寒："你们快放了我，否则我就喊了。"

陈竞志："喊？哈哈，你还真是很傻很天真，这是郊外别墅的地下室，就算给你个大喇叭让你喊破喉咙，也没人听得到了。"

敖寒："那你给我个理由，就算死，也让我死个明白。"

陈竞志："我可以给你讲个小笑话，你就明白了。"

敖寒："笑话？"

陈竞志："你可以当笑话听。话说某天下午，我和思思在开车的过程中，因为琐事吵架，突然一个农民模样的人出现在我的车前，这人真是该死啊，然后就被我的车撞到旁边的农田里，可是这人竟然没死，那我要就这么走了，肯定算我交通肇事逃逸啊，所以我就开着车，把他拖到了我的别墅里，谁承想，一个晚上的时间，竟然就死了。你说可笑不可笑。哈哈。"

敖寒："你个变态，干了这种丧心病狂的事情，竟然还笑得出来！！！"

陈竞志："这个笑话还没有结束，你得接着往下听，这时候思思告诉我，纸是包不住火的，早晚会被警察发现，所以咱们得找个替死鬼。这不，你不就上钩了吗？哈哈，你说好笑不好笑，你真是傻得要命，你都不动脑子吗，你只是一个在校生，怎么可能有人一小时两百元请你做家教，这么贵，我为什么不去正规的家教机构。哈哈！"

敖寒被陈竞志这种变态的讲述，弄得后背发凉，他渐渐明白了一件事，王思思让自己破坏"巫种"，可能就是自己被嫁祸的一个过程。

陈竞志："另外，你竟然还相信什么巫术的鬼话，哈哈哈，简直笑死我了，实话告诉你，我都佩服自己竟然能编织出这么精彩的剧情，哈哈哈，我真是太聪明了，当然这也离不开你这么精彩地配合我。”

敖寒冷笑道：“苍天有眼，你们早晚会遭报应的。”

陈竞志：“是你太笨了，你刚才用刀具破坏祭品的过程，其实是个毁尸灭迹的过程，现在一切都妥了，当然还差最后一个细节，马上就完美了。”突然，只见刚才纹丝不动的王思思，竟然拿出那把铜制刀具在自己的身上硬生生地划了几刀，然后就昏倒了在地上……

山城市晚报头条：近日我市警方破获一起恶性杀人案件，犯罪嫌疑人敖寒丧心病狂，在借用雇主轿车期间，发生交通事故，事发后，本应当采取报警、救治伤员、保护现场等措施，却无视国法，残忍将受害者藏至雇主家中，趁雇主行动不便之际，竟然又在雇主家中干起了毁尸灭迹的勾当，几日后被雇主发现，进而又对雇主采取了杀人灭口的犯罪行为。幸好我市民警出警神速，果断将犯罪嫌疑人在犯罪现场抓获！并成功救下了受害雇主王思思。

什么是交通肇事转化型故意杀人?

根据我国法律规定，行为人在交通肇事后为逃避法律追究，将被害人带离事故现场后隐藏或者遗弃，致使被害人无法得到救助而死亡或者严重残疾的，应当分别依照刑法第二百三十二条、第二百三十四条第二款的规定，以故意杀人罪或者故意伤害罪定罪处罚。

在主体方面，犯罪嫌疑人侵犯被害人生命权，非法剥夺被害人生命。

在主观方面，交通肇事发生后，犯罪嫌疑人不履行抢救受伤被害人义务，为逃避法律制裁，径行逃跑从而导致受伤被害人死亡。

在客体方面，犯罪嫌疑人的犯罪行为违反了我国刑事法律中关于交通肇事犯罪方面的相关规定。

在客观方面，交通肇事发生后，因逃逸行为导致被害人死亡，需要具有三个要素，第一是交通肇事后采取的逃逸行为，第二是发生了被害人死亡的危害后果，第三是犯罪嫌疑人逃逸行为与被害人死亡结果之间存在因果关系。

具体到本案中，陈竞志在驾车过程中，突发交通事故，本应当采取救助等措施和义务，但为了逃脱法律的追究，采取逃逸和转移受害人的行为，最终导致受害人死亡的发生，陈竞志的犯罪行为与受害人的死亡之间，存在因果关系。从起初交通肇事罪转化为故意杀人罪，应当以故意杀人罪惩处。

经典案例

1. 我丈夫被撞死了，如何计算抚养费？

◎ 热线陈述

李某自幼在孤儿院长大，成年之后凭借自己的努力在一家外企工作。由于早年的遭遇，李某非常珍惜现在的生活。李某28岁那年，经人介绍和杨某结婚，婚后育有一子，今年1岁。李某的工作是该外企老板的司机，平日里本职工作就是拉着老板四处谈生意。为了方便接送老板，平日里下班之后，公司的轿车也是由李某停在自家楼下。某日，李某开着车下班之后，准备停车的时候，突然接到老板的电话，说是有一单生意着急去谈判，因此要求李某以最快的速度将其送到机场。李某按照老板的要求，准时准点地将其送到机场之后，天色已经很晚了，其驾车行使到一处偏僻路段之时，忽然冲出一辆大货车，致使两车发生交通事故，直接导致驾驶员李某死亡。后经过交警勘查，认为两车均未履行减速慢行和注意观察的义务，因此均有过错。但李某的车辆有优先通行权，因此大货车司机负主要责任，李某承担次要责任。现在李某的配偶致电我们的法律服务热线，咨询了相关事宜。

◎ 律师答疑

根据我国法律规定，侵害公民身体造成伤害的，应当赔偿医疗费、因误工减少的收入、残废者生活补助费等费用；造成死亡的，并应当支付丧葬费、死者生前扶养的人必要的生活费等费用。被扶养人生活费根据扶养人丧失劳动能力程度，按照受诉法院所在地上一年度城镇居民人均消费性支出和农村居民人均年生活消费支出标准计算。被扶养人为未成年人的，计算至十八周岁；被扶养人无劳动能力又无其他生活来源的，计算二十年。但六十周岁以上的，年龄每增加一岁减少一年；七十五周岁以上的，按五年计算。

被扶养人是指受害人依法应当承担扶养义务的未成年人或者丧失劳动能力又无其他生活来源的成年近亲属。被扶养人还有其他扶养人的，赔偿义务人只赔偿受害人依法应当负担的部分。被扶养人有数人的，年赔偿总额累计不超过上一年度城镇居民人均消费性支出额或者农村居民人均年生活消费支出额。本案中，李某儿子是仅一岁的未成年人，肇事司机应当支付抚养费到其十八岁成年为止。抚养费，一般是指受害人在交通事故中死亡或者伤残进而丧失劳动能力的情况下，由其抚养的、没有其他生活来源的人，因为生活来源严重丧失而导致其遭受不利益，其抚养费的给付请求权将难以实现，直接影响其生存下去，由交通事故的责任人按照法定标准基于这些人一定数额的赔偿。

2. 我撞伤了人，如何计算护理费？

◎ 热线陈述

杨某最近被公司“炒了鱿鱼”非常烦恼，认为这是公司里面有人专门针对自己。为了弄清楚怎么回事，他准备调查清楚此事，后经过和单位旧同事沟通，发现自己曾经的助理高某嫌疑很大，因为杨某自打被辞退之后，高某就坐了杨某的位置，升职为部门经理。杨某决定找高某理论此事，并对高某说：“我平时待你不薄，你为了自己升职，竟然干出此事。”高某却不无讽刺地回答：“长江后浪推前浪，前浪被拍在沙滩上，这位子，就算我不坐，也是别人坐。”两人话不投机半句多，气得杨某摔门而去。在路上，杨某越想越气，认为自己在行业中浸淫了多年，还是看走了眼，养了一条“白眼狼”。无处泄愤的杨某，并没有发觉此时他的车速是越来越快，悲剧的发生往往在这种不经意之间，当杨某的思绪从气愤中回过神的时候，车已经撞上了一个路边的水果摊，造成水果摊摊主王某重伤。经过交警勘查，认定杨某全责，王某无责。后双方对于护理费的问题，一直争执不下，杨某家属致电我们的法律服务热线，咨询了相关事宜。

◎ 律师答疑

根据我国法律规定，护理费根据护理人员的收入状况和护理人数、护理期限确定。护理人员有收入的，参照误工费的规定计算；护理人员没有收入或者雇佣护工的，参照当地护工从事同等级别护理的劳务报酬标准计算。护理人员原则上为一人，但医疗机构或者鉴定机构有明确意见的，可以参照确定护理人员人数。护理期限应计算至受害人恢复生活自理能力时止。受害人因残疾不能恢复生活自理能力的，可以根据其年龄、健康状况等因素确定合理的护理期限，但最长不超过二十年。受害人定残后的护理，应当根据其护理依赖程度并结合配制残疾辅助器具的情况确定护理级别。本案中，如果双方就护理费之事无法达成合意，可以通过诉讼的方式，由法院根据上述规定，依法裁判具体的数额。护理费，一般指的是在发生交通事故之后，受害人在接受治疗过后造成其身体残疾，暂时或者永久丧失生活自理能力，需要他人护理照顾之时，应当由交通事故责任人根据一定的标准而赔偿的费用。

3. 我家人被撞死，如何计算死亡赔偿金？

◎ 热线陈述

李某系某国有企业的下岗职工，失去工作后，主要靠打零工为生。由于收入不稳定，家庭经济条件逐渐恶劣。李某某天通过一则招聘消息得知，距自己所在城市不远的隔壁县城招收一名木匠，管吃管住，还上五险一金。由于李某下岗前就是从事木制品加工工作的，是个地地道道的木匠，所以便决定前往应聘。李某为了节省路费，决定骑自行车前往应聘地点。李某骑自行车行至某县城一路口处，遭遇一辆逆向行驶的机动车，被该机动车撞至重伤，后送医院抢救无效死亡。家里的顶梁柱突然去世，对于家境本来就贫寒的李某一家，更是雪上加霜。现在李某的亲属致电我们的法律服务热线，咨询了相关事宜。

◎ 律师答疑

根据我国法律规定，死亡赔偿金按照受诉法院所在地上一年度城镇居民人均可支配收入或者农村居民人均纯收入标准，按二十年计算。但六十周岁以上的，年龄每增加一岁减少一年；七十五周岁以上的，按五年计算。死亡赔偿金指的是因交通事故死亡，由交通事故责任人按照法定标准给予死者家属一定数额的金钱赔偿。由于在交通事故中，受害人的死亡给其家属以及亲人带来了精神上和物质上的双重巨大打击，是对他人利益的一种严重侵权，理应给予赔偿。

4. 免费帮忙的人发生了交通事故，我需要赔钱吗？

◎ 热线陈述

某村村民高某今年72岁，其长子在县城落户安家，为了方便照顾父亲，长子准备将高某接过去赡养。由于高某现在住的地方，有很多旧家当卖了没人收，扔了还可惜，所以高某要求其长子连同这些旧家当一起拉过去。选好一个适合搬家的吉日之后，其长子自己亲自开车，并邀请同村村民赵某帮助搬家。一切收拾好后，长子和父亲高某坐在驾驶室内，赵某则坐在后车厢里，负责看管旧家当。就这样，三人启程上路了。但在车辆行驶的过程中，与叶某驾驶的机动车发生交通事故，直接导致高某、长子、赵某不同程度受伤，尤其是赵某受伤很重。经过交警认定，叶某违反交通安全法规，从右侧违规超车，导致发生这起交通事故，因此叶某负全责，高某长子无责任。现在有个现实问题摆在众人面前，由于叶某家境十分贫寒，经过协商，只能拿出4万元钱用于救治赵某，再无多余钱财。但这对于赵某来说，根本不够治病的，于是赵某致电我们的法律服务热线，咨询说："我是免费为朋友高某帮忙，现在出了交通事故，是否能够要求高某家也出钱呢？"

◎ 律师答疑

根据我国法律规定，帮工人因帮工活动遭受人身损害的，被帮工人应当承担赔偿责任。被帮工人明确拒绝帮工的，不承担赔偿责任；但可以在受益范围内予以适当补偿。帮工人因第三人侵权遭受人身损害的，由第三人承担赔偿责任。第三人不能确定或者没有赔偿能力的，可以由被帮工人予以适当补偿。本案中，虽然高某在交通事故责任认定中无责，但由于肇事者无力负担受害者赵某的治病就医费用，作为受益人应当向赵某提供适当的补偿。

5. 肇事受伤一年后，我的赔偿请求还能获得法院支持吗？

◎ 热线陈述

刘某和孙某两家是多年的老邻居，他们两家的孩子更是发小，只是后来长大后各自去外地求学，联系渐少，但每年过年回家，都会坐在一起喝一杯。刘某家还有个大儿子长期从事运输工作，没日没夜地跑运输，非常辛苦，孙某家是开中药店的，所以经常将一些自制的抗疲劳药茶赠予刘某大儿子。但上天还是跟孙某家开了一个玩笑，某天刘某家大儿子跑运输的过程中，由于疲劳驾驶，竟然将回家过年的孙某儿子撞伤，由于身体伤及多处，所以当时就被送到医院接受治疗。事后交警认定刘某大儿子在这起交通事故中负全责。由于两家关系一直不错，所以孙某也没好意思张口跟刘某大儿子要治疗费等费用。但一年多过去了，虽然孙某儿子的骨折已经治愈，但刘某大儿子一直对治疗费等费用只字不提，并且刘某也未对此事给个说法，这让孙某很生气。有一次孙某直接找到刘某质问此事之时，刘某竟然说这事根本不能怨自己的大儿子，都是孙某家给的药茶不管用，根本不提神，所以才出的交通事故。这种说法让孙某哭笑不得，自己儿子被人撞了，还是自己的不是。见此事跟刘某无法沟通，孙某便拨通了我们的法律服务热线，咨询了相关事宜。

◎ 律师答疑

根据我国法律规定，下列的诉讼时效期间为一年：（一）身体受到伤害要求赔偿的；（二）出售质量不合格的商品未声明的；（三）延付或者拒付租金的；（四）寄存财物被丢失或者损毁的。人身损害赔偿的诉讼时效期间，伤害明显的，从受伤害之日起算；伤害当时未曾发现，后经检查确诊并能证明是由侵害引起的，从伤势确诊之日起算。据此可知，本案中孙某的儿子受伤害一年多以后，才下决心想去法院诉讼，这已经过了诉讼时效，除非对方同意赔偿，否则法院不会支持孙某一方的人身损害赔偿请求。

6. 我家属被汽车撞了，想知道人身损害赔偿范围都包括什么？

◎ 热线陈述

宋某是某路段的公路清扫工，虽然工作很辛苦，但好在待遇不错，还给上保险，所以也就一直兢兢业业地卖力苦干。因此无论是刮风下雨，还是大雪纷飞，都少不了宋某在公路上工作的身影。还有两年，宋某就退休了，他已经规划好，退休以后的日子，就是在家养养花草，看看孙子，享受天伦之乐。某天下午，宋某接到加班任务，加班清扫某路段，宋某穿上工作服与同事郑某一起来到此路段清扫。当快完成加班任务之时，突然一辆从北向南行驶的机动车闯入非机动车道，将正在清扫路面的宋某撞倒在地，清扫工具和垃圾散落一地。事后，机动车一方被认定为全责。现在宋某的家属致电我们的法律服务热线，咨询了相关事宜。

◎ 律师答疑

根据我国法律规定，受害人遭受人身损害，因就医治疗支出的各项费用以及因误工减少的收入，包括医疗费、误工费、护理费、交通费、住宿费、住院伙食补助费、必要的营养费，赔偿义务人应当予以赔偿。受害人因伤致残的，其因增加生活上需要所支出的必要费用以及因丧失劳动能力导致的收入损失，包括残疾赔偿金、残疾辅助器具费、被扶养人生活费，以及因康复护理、继续治疗实际发生的必要的康复费、护理费、后续治疗费，赔偿义务人也应当予以赔偿。受害人死亡的，赔偿义务人除应当根据抢救治疗情况赔偿上述相关费用外，还应当赔偿丧葬费、被扶养人生活费、死亡补偿费以及受害人亲属办理丧葬事宜支出的交通费、住宿费和误工损失等其他合理费用。据此可知，在本期交通事故中，宋某可以要求对方赔偿医疗费、误工费、护理费、交通费、住宿费、住院伙食补助费、营养费，如果构成伤残，还可以要求残疾补偿金以及精神损害赔偿等费用。

7. 我家属被汽车撞了，想知道医疗费怎么赔?

◎ 热线陈述

贾某是一位烤串师傅，主要负责饭店中肉串的烧烤工作，尤其是夏天的时候，一天下来能烤好几百串。贾某看见生意如此红火，总为别人打工也不是回事。于是他决定自己单独开一个大排档的门面房，经营大排档的生意。起初的时候，大排档生意还算红火，来此吃东西的食客络绎不绝。由于大排档基本上都是傍晚开始营业，凌晨的时候结束，所以没到结束营业的时候，贾某都会将食客撒落在地的垃圾清理一遍，送至附近的垃圾箱。但危险也就在此刻发生了，一辆机动车突然出现在贾某的身后，根本来不及躲闪的贾某，被这辆机动车撞个正着。事后，警方证实这是一起因酒驾引起的交通事故，司机负全责，而贾某因伤势过重，被送往医院进行救治。现在贾某的家属拨通了我们的法律服务热线，咨询了相关事宜。

◎ 律师答疑

根据我国法律规定，医疗费根据医疗机构出具的医药费、住院费等收款凭证，结合病历和诊断证明等相关证据确定。赔偿义务人对治疗的必要性和合理性有异议的，应当承担相应的举证责任。医疗费的赔偿数额，按照一审法庭辩论终结前实际发生的数额确定。器官功能恢复训练所必要的康复费、适当的整容费以及其他后续治疗费，赔偿权利人可以待实际发生后另行起诉。但根据医疗证明或者鉴定结论确定必然发生的费用，可以与已经发生的医疗费一并予以赔偿。据此可知，在本起交通事故中，受害人贾某可对医治身体过程中发生的门诊、挂号、抢救、化验、检查、药品、住院、医疗、手术等费用，要求肇事方予以赔偿。

8. 我被汽车撞了，误工费该怎么赔?

◎ 热线陈述

郭某经营了一家水站，由于他家的纯净水品牌正，价格优惠，多买多送，所以顾客盈门。为了节省人工成本，除了已经雇来的两名送水工之外，再多的送水业务都是由郭某亲自上阵，在各社区间，来回奔波，赚着辛苦血汗钱。郭某的水站有两辆电动三轮车，平日里都是和送水工轮换着使用。某天，由于生意实在红火，郭某店里面的两辆电动三轮车都派出去送水了，郭某看见订单显示，有两家隔壁小区的客户要求送水，所以他用那辆普通三轮车拉上两桶水，就直奔该小区而去。这个小区地处一段丁字路口附近，郭某对此十分注意，为了避免出现交通事故，特意减速慢行，尽量避免出现危险。但危险还是出现了，一辆拉着石子的工地大货车，直奔郭某而来，最终连同郭某的三轮车一起撞翻在地，郭某也为此受伤住院。事后经交警部门认定，货车司机负全责，郭某无责。现在郭某的家属致电我们的法律服务热线，咨询了相关事宜。

◎ 律师答疑

根据我国法律规定，误工费根据受害人的误工时间和收入状况确定。误工时间根据受害人接受治疗的医疗机构出具的证明确定。受害人因伤致残持续误工的，误工时间可以计算至定残日前一天。受害人有固定收入的，误工费按照实际减少的收入计算。受害人无固定收入的，按照其最近三年的平均收入计算；受害人不能举证证明其最近三年的平均收入状况的，可以参照受诉法院所在地相同或者相近行业上一年度职工的平均工资计算。据此可知，郭某受伤住院，可以通过以上规定，向法院提出合理的诉求，索赔误工费。

9. 我家属被车撞了，残疾赔偿金该如何赔？

◎ 热线陈述

刘某是一个报刊亭的老板，经营着市面上几乎能见到的所有知名的杂志和报纸。刘某由于上了岁数，早上很早就支起了报刊亭，迎接每天的客人。早上卖晨报，下午卖晚报，再加上各类知名杂志，虽然赚不了多少，但平时能通过报纸和杂志知道很多事和知识，这日子过得也很充实。刘某最近听说市面上出现了一本新杂志，销量非常火爆，货源很紧俏，他听说只有附近的一家书商才有货源供应。为了能够拿到这本杂志的货源，在本月末的时候，刘某起了大早，准备亲自上门求购几十本下月上市的最新一期。眼看着就快到目的地的时候，原本很空旷的马路上，突然出现一辆吉普车，在公路上以S型的方式行驶着。刘某心说，这司机肯定是喝大了，于是赶紧躲在路旁，避开这辆车，但刘某的身上好像有吸铁石一般，这辆车还是撞在了刘某的身上。事后经过交警部门认定，这又是一起酒驾引起的交通事故，司机负全责。现在刘某受伤严重，家属担心日后定残，为此拨通了我们的法律服务热线，咨询了相关事宜。

◎ 律师答疑

根据我国法律规定，侵害他人造成人身损害的，应当赔偿医疗费、护理费、交通费等为治疗和康复支出的合理费用，以及因误工减少的收入。造成残疾的，还应当赔偿残疾生活辅助器具费和残疾赔偿金。造成死亡的，还应当赔偿丧葬费和死亡赔偿金。人民法院适用侵权责任法审理民事纠纷案件，如受害人有被抚养人的，应当依据《最高人民法院关于审理人身损害赔偿案件适用法律若干问题的解释》第二十八条的规定，将被抚养人生活费计入残疾赔偿金或死亡赔偿金。

10. 我被车撞了，何时可以提出精神损害赔偿?

◎ 热线陈述

郑某是一位蛋糕师傅，供职于某知名甜品店，由于生意红火，郑某的工资待遇也很高。公司为了提高郑某的烘焙技术，特意将郑某送到某一线城市的知名培训机构进行培训，学成归来的郑某更是如虎添翼，一口气推出了十几款新产品，很受当地消费者的喜爱。甜品店见产品市场反应很好，将每日晚八点半的关店时间，特意延长了一小时，以便消费者购买。也许就是因为这一小时的原因，每天郑某工作结束后，都觉得非常累，仿佛全世界的重担都负载在自己身上一样。某个节假日停止营业的晚上，正当郑某拖着疲惫的身躯，走在回家的路上时，背后一辆轿车呼啸而过，掠过的冷风将郑某弄得很清醒，郑某心想这帮人太不负责任了，晚上飙车，严重影响公共安全，谁承想就在此时，前方有两辆轿车在齐肩并进，任何一辆都想将另外一辆甩在身后，车速实在太快，其中一辆车为了超车，竟然将轿车开到了人行道上，郑某根本来不及躲闪，被这辆车撞得不省人事。此事，对郑某这样一位大师级的蛋糕师傅来说，精神刺激很大，他担心自己受此重创后，他日再也无法精进自己的技艺了，在医院救治的过程中，他致电我们的法律服务热线，咨询了相关事宜。

◎ 律师答疑

根据我国法律规定，自然人因下列人格权利遭受非法侵害，向人民法院起诉请求赔偿精神损害的，人民法院应当依法予以受理：（一）生命权、健康权、身体权；（二）姓名权、肖像权、名誉权、荣誉权；（三）人格尊严权、人身自由权。违反社会公共利益、社会公德侵害他人隐私或者其他人格利益，受害人以侵权为由向人民法院起诉请求赔偿精神损害的，人民法院应当依法予以受理。当事人在侵权诉讼中没有提出赔偿精神损害的诉讼请求，诉讼终结后又基于同一侵权事实另行起诉请求赔偿精神损害的，人民法院不予受理。据此可知，如果郑某想获得精神损害赔偿，应当在提起人身损害赔偿之时一并提出，否则日后再次就精神损害赔偿提起诉讼的话，人民法院将不予受理。

11. 我被汽车撞了，想知道精神损害赔偿具体如何确定?

◎ 热线陈述

某地有一家大型连锁美容美发机构，在当地非常有名气。王某初中毕业的时候，就去此地当了学徒工，每天起早贪黑，甚是辛苦。经过一年多的努力，王某通过了店里的考核，顺利成为一名理发师。成为理发师后的王某虽然工资有所增加，但工作的强度更加高了，有很多客人都是在晚上来店里消费，甚至还有凌晨来店里面消费，做头发的。由于王某在理发师这个行当中还是新人，所以经常被店里面的主管安排上晚班，他自己为了将来发展，虽然有怨言，但也只能坚持。某天深夜，送走了最后一拨客人之后，店里面只剩下王某一个人，王某擦了擦额头上的汗水，活动了一下筋骨，将理发工具收拾停当后，准备下班。深夜的街道冷清而深邃，一道月光洒在王某的身上，仿佛成功的光芒在王某身上显现，的确王某能忍得住如此的辛苦，不就是为了早日成为大师级的理发师吗。但是，令他没想到的悲剧也在此时发生了，一辆原本缓慢行驶的机动车从王某对面驶过来，王某认为对方是看到自己减速慢行了，所以并没有意识到危险来临的他，依然用自己习惯的步伐走在回家的路上，可不知为何，当这辆机动车行驶到距离王某还有 5 米远，将要与他擦肩而过的时候，突然加速，并将车头对准了王某，硬生生地撞了过来，王某猝不及防，虽然采取躲避措施，但还是被撞了个正着，后经过诊断，右手粉碎性骨折。这让王某深受打击，理发这门手艺，全靠右手，现在受了这么重的伤，将来不知何时能够恢复如初。现在王某致电我们的法律服务热线，咨询了相关事宜。

◎ 律师答疑

根据我国法律规定，精神损害的赔偿数额根据以下因素确定：（一）侵权人的过错程度，法律另有规定的除外；（二）侵害的手段、场合、行为方式等具体情节；（三）侵权行为所造成的后果；（四）侵权人的获利情况；（五）侵权人承担责任的经济能力；（六）受诉法院所在地平均生活水平。法律、行政法规对残疾赔偿金、死亡赔偿金等有明确规定的，适用法律、行政法规的规定。据此可知，本案中王某能够获得的精神损害赔偿具体数额应当根据肇事者的过错程度、手段行为以及所造成的后果严重程度等情况确定，此外法院在做出相关裁判之时，还会考虑到肇事者的经济承受能力以及当地平均生活水平等因素。

12. 我家属被汽车撞了，单位给上了工伤保险，能同时要求人身赔偿和工伤赔偿吗？

◎ 热线陈述

杨某是一家单位的保安员，平日里主要负责仓库的看护工作。最近单位接到附近派出所的通知，由于年根将至，按照往年的经验，这个时候，多是偷盗发生的季节，因此各单位应当加强巡逻力度，严防死守，不让不法分子得逞。杨某早年间在家务农的时候，曾是当地的农运会长跑冠军，加上平时很注意身体锻炼，所以身板非常棒，单位基本上将晚上的夜班指派给他，忠厚老实的杨某，也从未辜负单位领导的信任，只要他当班的时候，从未发生过盗窃事件。但俗话说得好："不怕贼偷，就怕贼惦记着。"杨某这家单位，是某网上商城的仓库，里面的商品很多都属于紧俏消费品，早就有几个毛贼盯上了这个仓库，当然杨某也不是吃素的，当有两个贼眉鼠眼的人来此处踩点的时候，就被杨某发现了，冲此二人大喝一声："毛贼休得猖狂！"这二人见到突然蹦出一个五大三粗的壮汉来，当时就被吓了一跳，哪敢造次，一路小跑消失在茫茫的夜色中。拿着手电的杨某，腰间别着警棍，另一只手牵着大狼狗阿旺，来到院外巡视。仓库大院外，是一条通往城里的公路，平时车辆并不算多，杨某看见50多米外，隐约有几个红点在闪烁，他知道这是有人在吸烟，阿旺也冲着红点吠了起来，然后红点就熄灭了，发动机的引擎声响了起来，听声音渐行渐远，看来是那伙毛贼真的逃走了。松了一口气的杨某，暗叹道，这伙毛贼真是猖狂，在院外吸了一根烟后，转身就准备回院里，但就在此时，汽车的引擎声突然从杨某的身后传了出来，杨某背后一阵剧痛，两眼一黑，就不省人事了。事后，经过调查交警勘验所知，一辆刹车失灵的轿车，在不受控制的情况下，将杨某撞伤，肇事司机负全责，杨某无责。由于单位已经给杨某上了工伤保险，但伤势较重的杨某家属，担心治疗的费用不够，便致电我们的法律服务热线，咨询了相关事宜。

◎ **律师答疑**

根据我国法律规定，依法应当参加工伤保险统筹的用人单位的劳动者，因工伤事故遭受人身损害，劳动者或者其近亲属向人民法院起诉请求用人单位承担民事赔偿责任的，告知其按《工伤保险条例》的规定处理。因用人单位以外的第三人侵权造成劳动者人身损害，赔偿权利人请求第三人承担民事赔偿责任的，人民法院应予支持。据此可知，杨某在这起交通事故中，是上班时间受的伤，理应享受工伤保险待遇。日后，杨某也可以就此事以肇事方为被告，向人民法院提起人身损害赔偿之诉，也能获得法院的支持。

13. 我出了交通事故，除了人身损害赔偿，还要赔偿什么？

◎ **热线陈述**

某市郊区有个汽车修理店，由于开在公路边，所以来往的车辆只要出现故障，都会在这家修理。店主姓王，人称修车王，他的手艺在附近几家修理店算是相当高的，所以很多修理店搞不定的故障，也会介绍到他的店里来修理。但最近发生了一件怪事，原本门庭若市的王氏修理店，最近一段时间却显得有些冷清，跟一些熟客打听才知道有很多以前的老客户都去了离此地有一公里的赵氏修理店。这倒让王某有些纳闷，自己的技术是过硬的，再难修的故障到他这也能被攻破，为什么很多老客户都去了这家姓赵的修理店呢？于是他决定去赵氏修理店一探究竟。当他驱车前往赵氏修理店，将车停在附近路边准备下车的时候，忽然看见一个熟悉的身影，正在修理店外面指挥工人搬运汽修配件。王某心里一紧，暗说这不是他的徒弟刘某吗，怎么跑到赵氏修理店了。在他的记忆中，一个月前刘某明明跟他说家里的老人需要照顾，所以要回老家了。但现在出现在赵氏修理店，这肯定有猫腻，王某带着疑惑和愤怒下车来到刘某身后，叫了一声刘某。刘某先是被吓了一跳，转过身来看到是王某，面色有些复杂地叫了一声师傅。王某冲刘某说："这是怎么回事，你不是回老家了吗？"刘某看见王某对自己说话，还是一副高高在上的样子，非常不满地回答道："这就是我老家啊，并且我还开了这家赵氏修理店。"一切都明白了，原来王某的客源是被刘某撬走了，并且刘某还告诉王某，他根本不姓刘，他姓赵，赵钱孙李的赵。因不满王某厚此薄彼，所以决定出来单干。当初隐瞒自己真实姓名，也是为了日后留个心眼。气急败坏的王某，原本准备和刘某干一架，但看到对方人多势众，自己就一个人，肯定吃亏。只得忍着怒气上车，回去搬救兵。由于王赵两家店距离并不远，所以王某很快就去店里叫了儿子小王和五六个身体强壮的修理工，开了三辆车又回到赵氏修理店砸场子。但当王某这边一干人等下车聚集到赵氏修理店门前的时候，竟然发现有两名警察早就候在店里面等着王某众人了。警察冲王某问道："你们这么多人来人家店干什么来了？"王某冷哼道："我过来给我徒弟捧捧场。"赵某："师傅您还是回去吧，咱都是合法经营的人，别给人家警察同志惹事。"王某见到有警察在场，只能放弃原先的打算，一脸黑气地从店里面走了出去。恶气难消的王某上车打着火后，一脚油门就踩到了底，一起交通事故就此发生了，王某的机动车一下就撞到准备靠边停车的孙某车上，致使孙某受伤，其车更是受损严重。王某负全责，现在王某致电我们的法律服务热线，咨询在这起交通事故中，除了承担人身损害赔偿外，还要承担什么赔偿责任？

◎ 律师答疑

根据我国法律规定，《道路交通安全法》第七十六条规定的"人身伤亡”，是指机动车发生交通事故侵害被侵权人的生命权、健康权等人身权益所造成的损害，包括《侵权责任法》第十六条和第二十二条规定的各项损害。《道路交通安全法》第七十六条规定的“财产损失”，是指因机动车发生交通事故侵害被侵权人的财产权益所造成的损失。因道路交通事故造成下列财产损失，当事人请求侵权人赔偿的，人民法院应予支持：（一）维修被损坏车辆所支出的费用、车辆所载物品的损失、车辆施救费用；（二）因车辆灭失或者无法修复，为购买交通事故发生时与被损坏车辆价值相当的车辆重置费用；（三）依法从事货物运输、旅客运输等经营性活动的车辆，因无法从事相应经营活动所产生的合理停运损失；（四）非经营性车辆因无法继续使用，所产生的通常替代性交通工具的合理费用。据此可知，本案中王某除了承担孙某的人身损害赔偿之外，还要承担因交通事故的发生所造成的上述一系列财产损失。

14. 我出了交通事故，保险公司该如何承担责任？

◎ 热线陈述

高某是一家通信公司的客服经理，由于平时工作非常忙，所以很少有时间陪孩子，更别说接送孩子去幼儿园了。高某的老婆月某对此更是怨声载道，埋怨高某心里只有工作，没有家庭。每次遇到爱人的埋怨，高某心里也只能是暗自苦笑，其中的酸甜苦辣更是无处诉说。马上就要到孩子的生日了，高某告诉自己，这次一定好好表现，挽回自己在孩子心目中的形象。但到了孩子生日当天，原本和妻子商量好，按时下班回家给孩子过生日的他，却遇见有客户大闹营业厅的情况，忙着应付此事的高某在处理完之后，才想起今天是孩子的生日，眼瞅着约定的时间就要过去了，于是急急忙忙地开车往家里赶。由于车开得实在太快，加上赶上下班高峰期，心存侥幸的高某为了节省时间，竟然逆行将车开上了非机动车道，引得路人一片谩骂声，并且在拐弯抄近道的时候，将一行人撞伤，最后被交警认定为负全责。由于高某不仅上了交强险，还上了商业三者险，现在高某致电我们的法律服务热线，咨询了相关事宜。

◎ 律师答疑

根据我国法律规定，投保机动车第三者责任强制保险（以下简称交强险）和第三者责任商业保险（以下简称商业三者险）的机动车发生交通事故造成损害，当事人同时起诉侵权人和保险公司的，人民法院应当按照下列规则确定赔偿责任：（一）先由承保交强险的保险公司在责任限额范围内予以赔偿；（二）不足部分，由承保商业三者险的保险公司根据保险合同予以赔偿；（三）仍有不足的，依照道路交通安全法和侵权责任法的相关规定由侵权人予以赔偿。被侵权人或者其近亲属请求承保交强险的保险公司优先赔偿损害的，人民法院应予支持。据此可知，本案中先适用交强险承担赔偿责任，不足部分再由商业三者险给予赔偿，如果最后仍有不足的，由高某承担相应的赔偿责任。

15. 我醉酒驾车撞了人，交强险还赔钱吗？

◎ 热线陈述

叶某是一家酒店的调酒师，对各种酒的产地、物理特点、口感特性、制作工艺、品名以及饮用方法了然于胸，对来酒店消费的顾客，可以根据顾客消费的菜品不同，搭配出适宜的酒，并提出自己独特的建议。因此叶某在此酒店受到顾客的欢迎和老板的赏识。但最近有顾客投诉，说该酒店的酒单有很长时间没更新了，再不更新，就不光顾这家酒店了。为此，酒店的老板专门找叶某谈了话，给叶某指派了开发新酒品的任务。在调酒的过程中，饮酒自然是难免的事，所以这段时间叶某每天都会尝试将酒进行不同的搭配，所以饮酒自然不在少数。正所谓“苍天不负有心人”，经过半个月的努力，叶某调配出两个新酒品，并且深受顾客的欢迎，老板当然也很满意，不仅给叶某加了工资，还开了个小型庆祝会。在庆祝会的当天，叶某又喝了不少酒，老板还特意给他找了代驾。但叶某在喝得迷迷糊糊的情况下，竟然将代驾这回事完全抛到了脑后，庆祝会结束后，自己在醉酒的状态下，开车行驶在回家的路上。结果可想而知，叶某发生了交通事故，并被认定是醉酒驾车行为，责任定为全责。现在叶某的家属致电我们的法律服务热线，咨询了相关事宜。

◎ **律师答疑**

根据我国法律规定，有下列情形之一导致第三人人身损害，当事人请求保险公司在交强险责任限额范围内予以赔偿，人民法院应予支持：（一）驾驶人未取得驾驶资格或者未取得相应驾驶资格的；（二）醉酒、服用国家管制的精神药品或者麻醉药品后驾驶机动车发生交通事故的；（三）驾驶人故意制造交通事故的。保险公司在赔偿范围内向侵权人主张追偿权的，人民法院应予支持。追偿权的诉讼时效期间自保险公司实际赔偿之日起计算。据此可知，本案中叶某因醉酒驾车发生交通事故，交强险应当在责任限额范围内予以赔偿，从而发挥交强险保护受害人的社会功能。

16. 我出了交通事故，想知道起诉保险公司赔偿的诉讼程序是什么？

◎ **热线陈述**

罗某是某大学的毕业生，由于家庭条件不错，其父母为其找了一份在别人眼里还算不错的工作，所以在外人看来，罗某的工作和生活都是一帆风顺的。但罗某有自己的理想，并不想一辈子都活在父母给自己规划好的条条框框内。网络直播是当今非常流行的网络生活方式，罗某认为女主播的工作很适合自己，所以便背着父母，成功地应聘了一家时下人气非常旺的网络直播平台。刚开始的时候，罗某的观众只有几百人，但随着罗某直播技术的成熟，现在每天在线看她直播的人数已经达到10万左右，因此薪水收入也已经达到万元左右。罗某参与直播工作半年之后，在直播圈里面有人告诉她，只要罗某加入经纪公司，那么罗某的直播收入还可以翻一番，但前提是罗某必须服从经纪人的安排。罗某深知这个圈子鱼龙混杂，听说有的主播签约了经纪公司之后，就需要接受一些“灰色地带”的工作，因此她并不想签约经纪公司。但观众的口味是会变的，所以罗某的直播风格和内容也必须一直求变，否则最后可能面临的结果就是随着直播观众人数的下降，自己被直播圈淘汰。为了能够丰富直播内容，罗某采取更贴近生活，更接地气的直播方式，她将自己的直播间从传统的卧室房间，拓展到公园、商场、街道等场所。但最近罗某遇到了麻烦事，原来她在一次直播开车的时候，由于疏忽，发生了交通事故，所幸的是她的轿车上了交强险和商业三者险，但现在保险公司拒赔，她致电我们的法律服务热线，咨询了相关事宜。

◎ 律师答疑

根据我国法律规定，人民法院审理道路交通事故损害赔偿案件，应当将承保交强险的保险公司列为共同被告。但该保险公司已经在交强险责任限额范围内予以赔偿且当事人无异议的除外。人民法院审理道路交通事故损害赔偿案件，当事人请求将承保商业三者险的保险公司列为共同被告的，人民法院应予准许。据此可知，如果交强险和商业三者险保险公司拒赔的话，罗某可将两家保险公司均列为共同被告。

17. 员工发生交通事故死亡的，老板承担赔偿责任吗？

◎ 热线陈述

郑某早年间是个走街串巷的卖货郎，从街头摆摊到现在成为一家大型私营企业主，郑某一共花了十年的时间，随着业务越来越多，郑某出差的次数也是越来越多。为了能够方便出差，郑某雇佣李某当专职司机，接送自己出差以及上下班。由于李某是多年的老司机，郑某也对李某非常信任。无论是刮风下雨，还是冰天雪地，李某都能将郑某安安全全送到目的地。某日，郑某的生意伙伴告诉郑某有一单大生意就快谈成了，对方出于信用安全考虑，要求郑某亲自前往签约，才能最终达成协议。由于是节假日，李某正在放假休息，郑某赶紧给李某打电话，要求其赶紧过来送自己去外地谈判。收到指令的李某，准时来到郑某的住处，拉上老板一块儿前往签约地。当驾车行驶到某国道路段之时，由于车辆出现故障，只得将车辆交与当地的维修站修理，二人打车继续前往签约地。此时，由于天气突然发生变化，路上开始起雾，视野不好，但出租车司机并未采取减速行驶的措施，最终导致发生交通事故，李某更是因为伤势严重，抢救无效死亡。经过交警部门认定，出租车司机负全责。事后，在关于李某的赔偿问题上，无法达成和解，李某的家人便拨通了我们的法律服务热线，咨询了相关问题。

◎ 律师答疑

根据我国法律规定，雇员在从事雇佣活动中遭受人身损害，雇主应当承担赔偿责任。雇佣关系以外的第三人造成雇员人身损害的，赔偿权利人可以请求第三人承担赔偿责任，也可以请求雇主承担赔偿责任。雇主承担赔偿责任后，可以向第三人追偿。据此可知，本案中，由于出租车司机的肇事行为造成了员工李某身亡，李某的家属可以请求出租车司机所在的出租车公司承担赔偿责任，也可以要求老板郑某承担赔偿责任。

18. 员工开车造成老板死亡的，员工承担赔偿责任吗?

◎ 热线陈述

某运输公司老板高某由于业务繁忙，通过职介公司招聘了王某、宋某、叶某三位司机。其中王某负责货运，宋某和叶某负责客运。王某在跑货运的过程中，经常晚点，所以没干几天就被高某炒了鱿鱼。宋某在客运的过程中，认真负责，便被高某调到货运部，搞货物运输。由于货运和客运的线路并不一样，因此对宋某来说是个挑战。某天老板高某又接到一个货运的活，需要亲自押车送货，便叫上宋某一起跑这趟运输。由于宋某并不十分熟悉货运线路，所以坐在副驾驶位置的高某就一边和宋某聊天，一边指点他运输的线路。但由于这条线路高某也并不是十分熟悉，所以他们还是提前一个路口下了高速，待到发现的时候，只能掉头往回赶。但这时天色已晚，光线不好，在寻找高速入口的时候，他们的车与一辆大货车发生碰撞，直接导致坐在副驾驶位置上的老板高某当场死亡。后经过交警部门认定，司机宋某负全责。现在高某的家属致电我们的法律服务热线，咨询了相关事宜。

◎ 律师答疑

根据我国法律规定，公民、法人违反合同或者不履行其他义务的，应当承担民事责任。公民、法人由于过错侵害国家的、集体的财产，侵害他人财产、人身的，应当承担民事责任。没有过错，但法律规定应当承担民事责任的，应当承担民事责任。致使公民身体造成伤害的，应当赔偿医疗费、因误工减少的收入、残疾者生活补助费等费用；造成死亡的，并应当支付丧葬费、死者生前扶养的人必要的生活费等费用。据此可知，在本案中，员工宋某违反交通安全法规，发生交通事故，并被认定为全责，造成了老板高某死亡的结构，理应承担侵权赔偿责任。此外，从法律公平角度来讲，前面一个案例中员工发生交通事故死亡的，老板需要承担赔偿责任，那么在本案中老板因为员工的交通事故侵权行为死亡的，员工承担侵权责任，也是体现了法律的公平精神。

19. 我在长途客车上遭遇交通事故受了伤，可以要求客运公司赔偿吗?

◎ 热线陈述

年根临近，大多数在外打拼的人，都选择在快过年的时候，回家团圆。在外地务工的孙某自然也不例外，他像往常一样，选择在腊月二十三这天和工友们一起坐长途车回老家过春节。虽然春节的车票并不好买，运气还算不错的孙某还是买到一张回家的车票，这让他很开心。到了腊月二十三这一天，孙某携带大包小包坐上了这趟回家的长途车，这一路上，让孙某很是感慨，他知道自己有三年没有回家了，家里的父母都在等待他回家过个团圆年。但人有悲欢离合，月有阴晴圆缺，就在离家还不到100公里的高速路上，一辆酒驾小轿车在高速上逆行撞向了孙某坐的这辆长途客车，导致长途客车摔进旁边的沟渠内，包括孙某在内的数名乘客死亡。事后经过交警部门认定，小轿车司机负全责，也正因为如此，长途客车所属的客运公司拒绝向孙某家属承担孙某死亡所产生的赔偿责任。现在孙某的家属致电我们的法律服务热线，咨询了相关事宜。

◎ 律师答疑

根据我国法律规定，当事人一方不履行合同义务或者履行合同义务不符合约定的，在履行义务或者采取补救措施后，对方还有其他损失的，应当赔偿损失。承运人应当对运输过程中旅客的伤亡承担损害赔偿责任，但伤亡是旅客自身健康原因造成的或者承运人证明伤亡是旅客故意、重大过失造成的除外。本案中，客运公司应当按照合同约定，将乘客孙某安全地运送到目的地，在到达目的地之前，却发生了交通事故造成了孙某死亡的结果，虽然该起交通事故是由小轿车的司机负全责，但客运公司依然违反了运输合同中的安全保护义务，客运公司应当承担孙某死亡的赔偿责任。

20. 女友无驾照开我车发生交通事故，谁来承担责任？

◎ 热线陈述

李某原本是某公司的白领，在该公司摸爬滚打五年后，终于当上了部门经理。但由于这五年李某将所有精力都花在了事业上，所以感情上一直处于真空期。家人看着李某已经30出头了，终身大事还无着落，便一直催促着李某赶紧将终身大事解决掉。在李某担任部门经理的头一个月，正赶上他们部门招聘新员工，某大学毕业生孙某应聘了部门经理助理一职，当李某看到孙某的第一眼，就有种一见钟情的感觉，很快两人便相恋了。今年国庆节的时候，二人选择自驾游，去北方某地体验大自然的无限风光。由于孙某没有驾照，所以一路上都是李某开车。等到了目的地之后，孙某才知道这个地方给人一种一望无垠的感觉，宽阔的路面，很少有人经过，虽说不是无人区，但用人迹罕至形容此地，也并不过分。看到此情此景，孙某让李某把车给自己开，李某认为孙某没有驾照，出于安全考虑，并不同意孙某的要求。但架不住孙某的软磨硬泡，李某最终还是同意了孙某无驾照开车的要求。由于路面上几乎看不到人，又加上孙某没有开车的经验，所以车速一直很快，虽然李某在旁边劝孙某慢点开，但孙某却声称，此地连个鸟都没有，我就算闭着眼开，也撞不到人。可话音刚落，前方20米处，不知何时出现了一个牧民，由于车速实在太快，如此近的距离，根本来不及刹车，最终发生了交通事故，导致了这名牧民死亡的结果。事后，经过鉴定，孙某负全责。并被当地人民法院以交通肇事罪判处了有期徒刑。由于孙某是刚毕业的大学生，无力承担牧民的死亡赔偿费用，因此牧民的家属找到李某，要求其赔偿，李某认为并不是自己开车撞死了人，不应承担赔偿责任。为此，还专门拨通了我们的法律服务热线，咨询了相关事宜。

◎ 律师答疑

根据我国法律规定，因租赁、借用等情形机动车所有人与使用人不是同一人时，发生交通事故后属于该机动车一方责任的，由保险公司在机动车强制保险责任限额范围内予以赔偿。不足部分，由机动车使用人承担赔偿责任；机动车所有人对损害的发生有过错的，承担相应的赔偿责任。据此可知，本案中李某明知孙某没有驾照，在此种情况下驾驶机动车是一种十分危险的行为，放任其驾驶机动车行驶在公路上，最终发生了撞死人的悲剧，李某具有过错，应当对牧民的死亡承担相应的赔偿责任。

21. 我承包了一条营运线路，现在发生了交通事故，谁来承担责任？

◎ 热线陈述

随着人们生活水平的提高，人们对出行的要求越来越高，这个案例的主人公宋某就发现了这么一个商机，原来当地有条线路随着高速公路的顺利建成和通车，交通变得非常方便，并且较一天两班的火车来说，高速公路客车的时间非常自由，其中一条通往某大城市的线路更是每天有十几班高客供乘客乘坐。而由于乘车时间的方便，更多的乘客乐意选择这条线路上的高速客车。见到商机的宋某于是和这条线路上的某客运公司达成了承包协议，每月宋某向某客运公司支付5万元的管理费，出现交通事故也由宋某自己承担。宋某为了多跑几趟车，几乎是从早上5点开始，一直到晚上10点才收车，也正因如此，造成了宋某接连两个月的疲劳驾驶，一起交通事故终于在疲劳驾驶中发生了，经过交警认定，宋某负事故全责。由于宋某的肇事车辆已经在交通事故中报废，赔偿能力很低，现在受害者王某要求某客运公司赔偿损失，但该客运公司却拿出与宋某签订的合同进行抗辩，里面明确约定，如果出现交通事故，则由宋某自己承担。现在宋某致电我们的法律服务热线，咨询了相关事宜。

◎ 律师答疑

根据我国规定，班线客运经营者取得道路运输经营许可证后，应当向公众连续提供运输服务，不得擅自暂停、终止或者转让班线运输。道路运输车辆应当随车携带车辆营运证，不得转让、出租。违反本条例的规定，客运经营者、货运经营者、道路运输相关业务经营者非法转让、出租道路运输许可证件的，由县级以上道路运输管理机构责令停止违法行为，收缴有关证件，处2000元以上1万元以下的罚款；有违法所得的，没收违法所得。以合法形式掩盖非法目的的民事行为无效。据此可知，我国法律禁止将营运证进行转让，因此某客运公司与宋某签订的承包协议无效，其中由宋某自负责任的约定自然也归于无效。在本起交通事故中，该客运公司应当与宋某承担连带赔偿责任。

22. 我承包了出租车的夜班营运，出了交通事故，谁来承担责任？

◎ 热线陈述

在出租车行业中，一直流传着一句话“人停车不停”，这意思就是司机可以休息，但出租车一刻都不能停，目的就是增加收入。虽然这样做容易造成疲劳驾驶以及加速出租车的老化，但部分司机还是执著地奉行这句话。某出租车车主高某由于岁数不小了，已经受不了熬夜开车的疲劳了，所以他决定将自己出租车的夜间营运权承包出去。后来高某和李某达成了协议，李某按月向高某支付一定数额的承包费，李某获得高某出租车夜间行驶的营运权。不过好景不长，由于夜间有的路段光线偏暗，李某在夜间揽活的过程中，发生了一起交通事故。交警认定李某负全责。现在高某以自己和李某之间有承包协议为由，拒绝向受害者陈某承担赔偿责任。而李某为了降低赔偿责任比例，拨通了我们的法律服务热线，咨询了相关事宜。

◎ 律师答疑

根据《最高人民法院关于被盗机动车辆肇事后由谁承担损害赔偿责任问题的批复》指出，使用盗窃的机动车辆肇造成被害人物质损失的，肇事人应当依法承担损害赔偿责任，被盗窃车辆的所有人不承担损害赔偿责任。《最高人民法院关于购买人使用分期付款购买的车辆从事运输因交通事故造成他人财产损失保留车辆所有权的出卖方不应承担民事责任的批复》指出，采取分期付款方式购车，出卖方在购买方付清全部车款前保留车辆所有权的，购买方以自己名义与他人订立货物运输合同并使用该车运输时，因交通事故造成他人财产损失的，出卖方不承担民事责任。据此可以判断出，营运支配和营运利益是作为交通事故赔偿责任主体的精神，在本案中，虽然车辆属于高某，夜间营运权已经通过承包转让给李某，但是李某每月都向高某支付一定数额的营运利益，因此在出现交通事故之后，高某和李某应当承担连带赔偿责任。

23. 我将车交给汽修厂维修，出现交通事故，责任该如何承担？

◎ 热线陈述

张某为了上下班方便，购买了一辆家用小轿车用来代步。由于购买的是一辆二手车，所以经常是小毛病不断，为此他经常去赵某经营的汽修厂进行维修。一来二去的，张某已经和赵某混成了那种“脸熟”的朋友。某天，张某的机动车又出了毛病，并将车开到了赵某的汽修厂进行维修，之后，张某便打车去上班了。由于毛病并不复杂，赵某很快就将车辆修好了。就在这个时候，赵某接到一个电话，另外一个客户王某的车辆在某公路上抛锚了，需要赵某去救援，由于赵某手头没有别的能开动的车辆，便在未经过张某允许的情况下，擅自开着张某的小轿车去救援。但在公路上行驶的时候，由于赵某着急赶路，在一个路口已经显示红灯的情况下，违法闯红灯，造成了一起交通事故，后经交警认定，赵某负全责。现在张某致电我们的法律服务热线，咨询了相关事宜。

◎ 律师答疑

根据我国《侵权责任法》第五十二条的规定：“盗窃、抢劫或者抢夺的机动车发生交通事故造成损害的，由盗窃人、抢劫人或者抢夺人承担赔偿责任。保险公司在机动车强制保险责任限额范围内垫付抢救费用的，有权向交通事故责任人追偿。”赵某擅自开张某的车辆与盗抢开机动车出现交通事故的情况类似，此外张某和赵某之间的关系并非雇佣关系而是承揽关系，因此在这起交通事故中，张某只是为了修理车辆才将自己的小轿车交与赵某进行维修，赵某是擅自开车，因此并不承担此起交通事故的赔偿责任。

24. 我和出租车司机达成免责协议，之后又出了交通事故，该怎么办？

◎ 热线陈述

春节临近，很多人不是在操办年货，就是在踏上回家的路程。在外务工者高某就是一个准备踏上回家路程的普通人。由于高某的家就在邻市，所以回家的路程并不远，但由于当天下了雪，雪天路滑，很多出租车司机都不愿意跑远路拉活。经过好几次询问，终于有一辆出租车司机郑某同意将高某送至目的地，但需要加收一倍的车费，并且约定，如果在此过程中，出现交通事故，将由高某一力承担。高某上车后，便坐在后座上，呼呼地睡了起来，但他不知道的是，这名出租车司机为了抄近道，驶入非机动车道，加上雪天路滑的缘故，将一名骑自行车的人撞倒在地，发生了交通事故，并且由于机动车发生了侧翻，还导致高某受了伤。经过交警认定，郑某负全责。现在郑某以和高某有免责约定为由，拒绝承担受害者的赔偿费用。为此，高某也拨通了我们的法律服务热线，咨询了相关事宜。

◎ 律师答疑

根据我国法律规定，合同中造成对方人身伤害的免责条款无效。本案中，自打高某上了出租车后就已经和司机郑某形成了客运服务合同，并且还约定了增加一倍的车费，这个时候，出租车司机郑某就有义务安全地将高某送到目的地，在这个过程中造成了高某的受伤，无论是按照合同约定还是侵权责任，都应当赔偿高某受到的损失，且内容中涉及人身伤害的免责条款，因违反了法律的强制性规定而无效。

25. 对方明知我喝了酒，还要搭乘的，发生交通事故，责任该如何承担？

◎ 热线陈述

何某是某公司的业务员，平时也负责送客户，因此在外面喝酒是经常的事。某天何某和客户喝完酒后，不顾危险，开车拉着客户走在回家的路上。某村村民叶某当晚参加完战友孩子的满月宴之后，就一个人走在回家的路上，由于此条道路人并不多，所以打车是件很困难的事情，恰巧此时何某驾驶机动车通过，叶某将车拦下，并请求何某送自己一程。何某明确告知叶某自己喝酒了，并不想载送叶某。但见叶某一个劲地说好话请求，便和叶某达成口头协议，在叶某搭乘何某轿车期间，出现一切事故，由叶某自负。叶某满口答应。可后来，还真是出了交通事故，何某在酒精的促使下，致使车辆掉进一条沟渠里，导致了何某、客户、叶某等人不同程度受伤，后经交警部门认定，司机何某负全责。现在叶某要求何某赔偿自己的损失，何某认为自己已经告知叶某自己喝了酒，并且双方口头达成了免责协议，因此拒绝赔偿，并就此事，致电我们的法律服务热线，咨询了相关事宜。

◎ 律师答疑

根据我国法律规定，公安机关交通管理部门应当根据当事人的行为对发生道路交通事故所起的作用以及过错的严重程度，确定当事人的责任。合同中造成对方人身伤害的免责条款无效。机动车驾驶人应当遵守道路交通安全法律、法规的规定，按照操作规范安全驾驶、文明驾驶。饮酒、服用国家管制的精神药品或者麻醉药品，或者患有妨碍安全驾驶机动车的疾病，或者过度疲劳影响安全驾驶的，不得驾驶机动车。本案中，叶某明知何某酒后驾车，继续要求搭乘，属于自敢冒险的行为，指叶某明明知道可能遭受到来自于特定危险源的危险，却依然坚持冒险行事，因此其对交通事故的发生也有过错，因此叶某也应当对这起交通事故中受到的伤害承担部分责任。由于人身伤害的免责条款无效，所以何某也不能借此逃避责任，形成免责。

26. 有人免费搭乘我的车，发生了交通事故，责任该如何承担？

◎ 热线陈述

李某是位货运司机，最近遇到了烦心事。原来他在一次跑长途送货的过程中，在路过一条公路的时候，见到有一名路人很焦急地拦车，他便停下，打开车窗询问是何事。拦车的路人杨某告诉李某自己是位游客，在游山玩水间迷了路，好不容易才找到这条公路，想搭李某的顺风车，只要把自己捎到人多的城镇就行。李某见杨某的确很落魄，反正自己送货的目的地就是某市，就同意免费载杨某一程。在乘车期间，大货车前座上除了李某，还有李某的老板郭某，所以李某让杨某坐在后座上，但杨某看见前座的位置能欣赏沿路的风景，便执意要求坐在前座的位置。原本前座只能容下两个人的面积，杨某坐了过来显得非常拥挤。李某的货车继续前行，由于车速很快，在路过一个路口的时候，李某减速不及，与前车发生追尾，出现了交通事故，并且导致车上的杨某受了伤。后经交警部门认定，李某负全责。现在杨某找到李某，要求其承担自己受伤治疗的医药费。李某认为自己是免费好意载杨某一程，并且已经告诫杨某，前面的座位已经满了，不能坐过来。现在出事受了伤，自己应当免责。为此，李某专门拨通了我们的法律服务热线，咨询了相关事宜。

◎ **律师答疑**

根据我国法律规定，同车道行驶的机动车，后车应当与前车保持足以采取紧急制动措施的安全距离。有下列情形之一的，不得超车：（一）前车正在左转弯、掉头、超车的；（二）与对面来车有会车可能的；（三）前车为执行紧急任务的警车、消防车、救护车、工程救险车的；（四）行经铁路道口、交叉路口、窄桥、弯道、陡坡、隧道、人行横道、市区交通流量大的路段等没有超车条件的。本案中，由于李某的违法不当驾驶，致使发生了交通事故，此外，由于杨某是免费搭乘，且李某已经告诫杨某坐在后排位置上，因此杨某也有过错，所以在关于李某承担责任的问题上，李某的赔偿责任是躲避不了的，但应当减轻其责任。

27. 请客吃酒之后发生了交通事故，责任该如何承担？

◎ **热线陈述**

郭某今年 70 岁，年初的时候，喜得一个大孙子，并在孩子百天的时候，办了酒席。酒席的当天，很多亲朋好友前来祝贺。孙某便是其中之一。郭某知道孙某不胜酒力，便特意劝孙某不要喝酒，多吃饭菜，并且还特意把孙某安排在了一桌不喝酒的宾友席上。席间，郭某和老伴带着儿子儿媳去隔桌敬酒，孙某见郭某走远了，便自顾自地偷着喝起酒来。由于这个桌子上其他人都不喝酒，所以孙某喝着闷酒也特别没意思，几杯酒下肚，就生气地离开了郭家大院，骑上自行车回家了。在回家途中，已经醉酒的郭某驶入了机动车道，在机动车道上画 S 型，最终发生了交通事故，并且导致自己受到了伤害。后经交警部门的认定，孙某酒后擅闯机动车道，负全责。在医院接受治疗的孙某认为自己之所以受到伤害，跟郭某的请客吃酒脱不开干系，因此要求郭某承担自己的治疗费用。而郭某则认为，自己已经告诫孙某不要喝酒，并且还专门给郭某安排到不喝酒的桌席上。因此自己无责。为了弄清此事，郭某拨通了我们的热线，咨询了相关事宜。

◎ **律师答疑**

根据我国法律规定，监护行为只发生在有特定义务的人之间。而本案中，孙某前来郭某处祝贺，且郭某已经尽到了不劝酒还尽最大努力不让孙某喝酒的义务，因此作为具有完全行为能力的孙某，应当对自己的行为负责。而郭某在此过程中，自始至终均无过错行为产生，孙某的受伤也是自己违反交通法规造成的，所以其受到的伤害只能由自己承担，郭某无责。

28. 因盘查车辆发生交通事故的，责任该如何承担？

◎ **热线陈述**

某市发生了一起入室抢劫案件，警方根据犯罪嫌疑人在现场留下的证据，在全市的交通要道进行排查。杨某是个上班族，平时都是自己开车，他在公路上驾车的时候，由于很放松，所以并未发现前方有警察示意他停车接受盘查。由于警方见杨某驾车并未停车接受盘查，便驱车追赶杨某，并超车将其拦截，但在这个过程中，警方一直未向杨某发出警告。就在超车的一刹那，杨某发现有警察超车拦截自己，慌张之下，撞到了路边的防护栏上，导致自己的机动车出现损坏，身体多处出现骨折。现在杨某要求警方对其受到的伤害进行赔偿，但双方一直谈不拢，为此杨某致电了我们法律服务热线，咨询了相关事宜。

◎ **律师答疑**

根据我国法律规定，国家机关或者国家机关工作人员在执行职务过程中，侵犯公民、法人的合法权益造成损害的，应当承担民事责任。公民、法人或者其他组织认为行政机关和行政机关工作人员的行政行为侵犯其合法权益，有权依照本法向人民法院提起诉讼。在本案中，民警执行逮捕犯罪嫌疑人的行为并非具体行政行为，因此如果造成公民损害的，应当承担民事责任，而非行政赔偿责任。具体到这个案例中，警方盘查可能涉嫌犯罪的车辆，而杨某因疏忽并未发现警方盘查的指示，加上警方在事先并未发出任何警告的情况下，超车拦截，最终酿成了交通事故的惨剧，在责任承担方面，由于杨某存在疏忽的过错，所以也应当承担次要责任，而警方需要承担主要责任。

29. 遭受交通事故和医疗事故双重加害，能否获得双份赔偿？

◎ 热线陈述

华某平时都是骑自行车上下班，由于早高峰的时候，车辆很多，所以华某都是很谨慎地骑车，避免出现交通事故。但在一个清晨，华某还是被一辆机动车撞倒在地，警方判定机动车一方全责。经过医院诊疗，华某的头部出现重度颅脑损伤，由于华某处在昏迷的状态下，并未觉察到痛感，所以这家医院竟然漏诊了华某身上还有一处粉碎性骨折的伤害。数月后，华某的脑部损伤被鉴定为1级，肇事司机也痛快地支付了赔偿金。关于漏诊的伤情，已经属于医疗技术事故的范畴，后被法医鉴定为4级伤残。关于漏诊引起的治疗费用，华某与医院无法达成一致，现在华某致电我们的法律服务热线，咨询了相关事宜。

◎ 律师答疑

根据我国法律规定，对因侵权遭受伤害的受害人所获得的赔偿，是基于受害人劳动能力的丧失程度加以定型化的赔偿原则，也就是我们通常所说的“劳动能力丧失”。在本案中，华某已经被鉴定为1级伤残，完全丧失了劳动能力，虽然医院的医疗技术事故造成的伤害最终被鉴定为4级，但显然已经不能加重华某的劳动能力丧失程度，但是，如果医院的4级伤残行为得不到法律的制裁，难免有失公允，此时华某可以主张精神损害赔偿，获得法律的填补和抚慰救济功能，所以，这家医院在承担实际发生的医疗费用之外，还要支付华某的精神损害赔偿金。

30. 遭受交通事故，残疾赔偿金和精神抚慰金能否同时获得?

◎ 热线陈述

吴某和妻子陈某原先是同为某国企的职工，后经济不景气双双下岗。在下岗不久，妻子就患上了疾病，因此吴某是家里唯一的顶梁柱，不仅要支付妻子陈某治疗疾病的费用，还要抚养年仅10岁的儿子小吴。为此，吴某起早贪黑每天至少打三份工，才能维持家庭的正常生活开支。但一件事的发生，让吴某家蒙上了无穷无尽的阴影，一天傍晚吴某去某快餐厅打第三份工的路上，被一辆机动车撞倒，造成其身体多处伤害。后经交警部门认定，机动车司机负全责，并在医院治疗数月后，被鉴定为伤残等级4级。在获得赔偿一事上，吴某的妻子陈某致电我们的法律服务热线，咨询了相关事宜。

◎ 律师答疑

根据我国法律规定，受害人遭受人身损害，因就医治疗支出的各项费用以及因误工减少的收入，包括医疗费、误工费、护理费、交通费、住宿费、住院伙食补助费、必要的营养费，赔偿义务人应当予以赔偿。受害人因伤致残的，其因增加生活上需要支出的必要费用以及因丧失劳动能力导致的收入损失，包括残疾赔偿金、残疾辅助器具费、被扶养人生活费，以及因康复护理、继续治疗实际发生的必要的康复费、护理费、后续治疗费，赔偿义务人也应当予以赔偿。受害人死亡的，赔偿义务人除应当根据抢救治疗情况赔偿上述相关费用外，还应当赔偿丧葬费、被扶养人生活费、死亡补偿费以及受害人亲属办理丧葬事宜支出的交通费、住宿费和误工损失等其他合理费用。受害人或者死者近亲属遭受精神损害，赔偿权利人向人民法院请求赔偿精神损害抚慰金的，适用《最高人民法院关于确定民事侵权精神损害赔偿责任若干问题的解释》予以确定。即因侵权致人精神损害，造成严重后果的，人民法院除判令侵权人承担停止侵害、恢复名誉、消除影响、赔礼道歉等民事责任外，可以根据受害人一方的请求判令其赔偿相应的精神损害抚慰金。在本案中，肇事司机造成吴某身体伤害，家属为其治疗伤害所支付的救治费用，属于直接物质损失，肇事司机应当赔偿这部分费用。由于吴某是家里的唯一经济顶梁柱，他的伤残势必造成家属在精神层面的严重受伤，因此肇事司机还应当支付吴某家属精神损害抚慰金，因此这两者并不冲突。

31. 我出现交通事故后，无法认定责任的，该如何赔偿?

◎ 热线陈述

李某是一位牙医，由于竞争激烈，李某还提供上门服务。某日，一位客户打电话要求李某提供上门服务，李某根据客户的地址，驱车前往。但在驾车行驶到某国道路段的时候，车辆突然抛锚，为了履行按时达到的承诺，李某只得在国道旁搭车继续赶往目的地。某货运公司好心的大货车司机郑某，见到李某拦车，询问详情后，便同意李某坐在副驾驶的位置，载他一程。当大货车继续前行至下一个路口的时候，突然与对面开过来的大货车发生剐蹭，大货车采取急刹车的应急措施，导致坐在副驾驶位置上的李某受伤。事后，出现场的交警无法认定该起事故的责任比例，以及事故双方是否有违反道路安全法规的行为。现在李某要求郑某赔偿自己的损失，但郑某拒绝赔偿，为此，李某专门致电我们的法律服务热线，咨询了相关事宜。

◎ 律师答疑

根据我国法律规定，雇员在从事雇佣活动中致人损害的，雇主应当承担赔偿责任；雇员因故意或者重大过失致人损害的，应当与雇主承担连带赔偿责任。雇主承担连带赔偿责任的，可以向雇员追偿。"从事雇佣活动"，是指从事雇主授权或者指示范围内的生产经营活动或者其他劳务活动。雇员的行为超出授权范围，但其表现形式是履行职务或者与履行职务有内在联系的，应当认定为"从事雇佣活动"。当事人对造成损害都没有过错的，可以根据实际情况，由当事人分担民事责任。据此可知，在本案中，虽然交警无法认定责任比例以及事故双方是否违反交通法规，但毕竟是肇事双方的交通事故造成了李某的伤害，应当根据公平原则，肇事双方按照各担百分之五十的比例承担责任。由于郑某是某运输公司的雇员，他的责任应当由雇主承担，除非有证据证明郑某因故意或者重大过失致人损害的，应当与雇主承担连带赔偿责任。雇主承担连带赔偿责任的，可以向郑某追偿。

32. 交通事故导致我生育功能丧失，能否获得精神损害赔偿？

◎ 热线陈述

王某今年 28 岁，事业小有所成，并且已于一个月前解决了人生大事，跟郭某结了婚。婚后二人，非常恩爱，并且准备在今年要个宝宝。为了能要一个健康的宝宝，王某开始戒烟戒酒，每天锻炼身体。郭某也不闲着，开始补充各种助孕的补品、营养品，总之全家都动员起来，期待宝宝的来临。王某每天下班后，都会在吃完晚饭出去跑步，坚持夜跑的他，已经瘦了十来斤，效果很令人满意。一天傍晚，王某像往常一样进行夜跑，在路过一个十字路口，通过人行横道的时候，被一辆右拐的轿车撞到了腰部以下，王某应声倒地。后经交警部门认定，肇事司机刘某负全责。王某在医院接受诊疗的过程中，被确诊已经丧失了性功能以及生育功能。现在王某致电我们的法律服务热线，咨询了相关事宜。

◎ **律师答疑**

根据我国法律规定，自然人因下列人格权利遭受非法侵害，向人民法院起诉请求赔偿精神损害的，人民法院应当依法予以受理：（一）生命权、健康权、身体权；（二）姓名权、肖像权、名誉权、荣誉权；（三）人格尊严权、人身自由权。违反社会公共利益、社会公德侵害他人隐私或者其他人格利益，受害人以侵权为由向人民法院起诉请求赔偿精神损害的，人民法院应当依法予以受理。配偶之间的性功能是公民健康权的一部分，王某遭遇车祸丧失了性功能以及生育功能，是对性权利和生育权利的侵害，肇事司机应当承担精神损害赔偿责任。

33. 遇见骚扰，发生了交通事故，能否获得精神损害赔偿？

◎ **热线陈述**

郭某是某钢铁企业的女工，由于工作岗位的原因，她需要接受单位“三班倒”的工作时间安排。如果赶上下夜班的时候，出于安全的考虑，郭某会选择打车回家。某天郭某上下午四点的班，按照工作时间安排，午夜12点下班，平时会有很多出租车司机在这个时间聚在该钢铁企业门口“趴活”。但当天由于天气不太好，只有几辆出租车停在钢铁企业厂门口外边。待郭某换完衣服，下班出来的时候，更是只剩下一辆出租车了，好在这辆出租车是正规出租车，而非“黑车”，所以郭某也就安心地上车了。但令她没想到的是，这辆出租车的司机，竟然是个“色狼”，在车上不仅对郭某进行言语上的挑逗，还一手开车，一手对郭某动手动脚。这让郭某既气愤，又害怕。就在郭某挣扎的时候，只用一只手开车的司机，在过度兴奋中，撞上了路边的石墩，出租车瞬间发生侧翻，导致坐在副驾驶位置上的郭某面部被车窗散落的玻璃划伤。郭某也借此机会，逃脱魔掌。现在郭某的家属，致电我们的法律服务热线，咨询了相关事宜。

◎ 律师答疑

根据我国法律规定，自然人因下列人格权利遭受非法侵害，向人民法院起诉请求赔偿精神损害的，人民法院应当依法予以受理：（一）生命权、健康权、身体权；（二）姓名权、肖像权、名誉权、荣誉权；（三）人格尊严权、人身自由权。违反社会公共利益、社会公德侵害他人隐私或者其他人格利益，受害人以侵权为由向人民法院起诉请求赔偿精神损害的，人民法院应当依法予以受理。在本案中，夜班下班女工遭遇出租车司机的骚扰，为了逃避骚扰，在车上与司机发生争执，导致出现交通事故，前面的骚扰行为和后面发生交通事故均侵害了郭某的身体权，尤为悲剧的是郭某的面部还被出租车车窗玻璃划伤，这对一个女性来说，会造成难以弥补的精神创伤，因此郭某可以获得精神损害赔偿。

法条链接

《道路交通安全法》

第二十二条 机动车驾驶人应当遵守道路交通安全法律、法规的规定，按照操作规范安全驾驶、文明驾驶。

饮酒、服用国家管制的精神药品或者麻醉药品，或者患有妨碍安全驾驶机动车的疾病，或者过度疲劳影响安全驾驶的，不得驾驶机动车。

任何人不得强迫、指使、纵容驾驶人违反道路交通安全法律、法规和机动车安全驾驶要求驾驶机动车。

第四十三条 同车道行驶的机动车，后车应当与前车保持足以采取紧急制动措施的安全距离。有下列情形之一的，不得超车：

（一）前车正在左转弯、掉头、超车的；

（二）与对面来车有会车可能的；

（三）前车为执行紧急任务的警车、消防车、救护车、工程救险车的；

（四）行经铁路道口、交叉路口、窄桥、弯道、陡坡、隧道、人行横道、市区交通流量大的路段等没有超车条件的。

《道路交通事故处理程序规定》

第四十六条 公安机关交通管理部门应当根据当事人的行为对发生道路交通事故所起的作用以及过错的严重程度，确定当事人的责任。

（一）因一方当事人的过错导致道路交通事故的，承担全部责任；

（二）因两方或者两方以上当事人的过错发生道路交通事故的，根据其行为对事故发生的作用以及过错的严重程度，分别承担主要责任、同等责任和次要责任；

（三）各方均无导致道路交通事故的过错，属于交通意外事故的，各方均无责任。

一方当事人故意造成道路交通事故的，他方无责任。

省级公安机关可以根据有关法律、法规制定具体的道路交通事故责任确定细则或者标准。

《道路运输条例》

第十八条 班线客运经营者取得道路运输经营许可证后，应当向公众连续提供运输服务，不得擅自暂停、终止或者转让班线运输。

第三十四条 道路运输车辆应当随车携带车辆营运证，不得转让、出租。

第六十七条 违反本条例的规定，客运经营者、货运经营者、道路运输相关业务经营者非法转让、出租道路运输许可证件的，由县级以上道路运输管理机构责令停止违法行为，收缴有关证件，处2000元以上1万元以下的罚款；有违法所得的，没收违法所得。

《合同法》

第五十三条 合同中的下列免责条款无效：

（一）造成对方人身伤害的；

（二）因故意或者重大过失造成对方财产损失的。

第一百一十二条 当事人一方不履行合同义务或者履行合同义务不符合约定的，在履行义务或者采取补救措施后，对方还有其他损失的，应当赔偿损失。

第三百零二条 承运人应当对运输过程中旅客的伤亡承担损害赔偿责任，但伤亡是旅客自身健康原因造成的或者承运人证明伤亡是旅客故意、重大过失造成的除外。

前款规定适用于按照规定免票、持优待票或者经承运人许可搭乘的无票旅客。

《民法通则》

第一百零六条 公民、法人违反合同或者不履行其他义务的，应当承担民事责任。

公民、法人由于过错侵害国家的、集体的财产，侵害他人财产、人身的，应当承担民事责任。

没有过错，但法律规定应当承担民事责任的，应当承担民事责任。

第一百一十九条 侵害公民身体造成伤害的，应当赔偿医疗费、因误工减少的收入、残废者生活补助费等费用；造成死亡的，并应当支付丧葬费、死者生前扶养的人必要的生活费等费用。

第一百三十二条 当事人对造成损害都没有过错的，可以根据实际情况，由当事人分担民事责任。

第一百三十六条 下列的诉讼时效期间为一年：

（一）身体受到伤害要求赔偿的；

（二）出售质量不合格的商品未声明的；

（三）延付或者拒付租金的；

（四）寄存财物被丢失或者损毁的。

《最高人民法院关于贯彻执行〈中华人民共和国民法通则〉若干问题的意见（试行）》

168. 人身损害赔偿的诉讼时效期间，伤害明显的，从受伤害之日起算；伤害当时未曾发现，后经检查确诊并能证明是由侵害引起的，从伤势确诊之日起算。

《最高人民法院关于审理人身损害赔偿案件适用法律若干问题的解释》

第九条 雇员在从事雇佣活动中致人损害的，雇主应当承担赔偿责任；雇员因故意或者重大过失致人损害的，应当与雇主承担连带赔偿责任。雇主承担连带赔偿责任的，可以向雇员追偿。

前款所称"从事雇佣活动"，是指从事雇主授权或者指示范围内的生产经营活动或者其他劳务活动。雇员的行为超出授权范围，但其表现形式是履行职务或者与履行职务有内在联系的，应当认定为“从事雇佣活动”。

第十三条 为他人无偿提供劳务的帮工人，在从事帮工活动中致人损害的，被帮工人应当承担赔偿责任。被帮工人明确拒绝帮工的，不承担赔偿责任。帮工人存在故意或者重大过失，赔偿权利人请求帮工人和被帮工人承担连带责任的，人民法院应予支持。

第十四条 帮工人因帮工活动遭受人身损害的，被帮工人应当承担赔偿责任。被帮工人明确拒绝帮工的，不承担赔偿责任；但可以在受益范围内予以适当补偿。

帮工人因第三人侵权遭受人身损害的，由第三人承担赔偿责任。第三人不能确定或者没有赔偿能力的，可以由被帮工人予以适当补偿。

第十七条 受害人遭受人身损害，因就医治疗支出的各项费用以及因误工减少的收入，包括医疗费、误工费、护理费、交通费、住宿费、住院伙食补助费、必要的营养费，赔偿义务人应当予以赔偿。

受害人因伤致残的，其因增加生活上需要所支出的必要费用以及因丧失劳动能力导致的收入损失，包括残疾赔偿金、残疾辅助器具费、被扶养人生活费，以及因康复护理、继续治疗实际发生的必要的康复费、护理费、后续治疗费，赔偿义务人也应当予以赔偿。

受害人死亡的，赔偿义务人除应当根据抢救治疗情况赔偿本条第一款规定的相关费用外，还应当赔偿丧葬费、被扶养人生活费、死亡补偿费以及受害人亲属办理丧葬事宜支出的交通费、住宿费和误工损失等其他合理费用。

第十八条 受害人或者死者近亲属遭受精神损害，赔偿权利人向人民法院请求赔偿精神损害抚慰金的，适用《最高人民法院关于确定民事侵权精神损害赔偿责任若干问题的解释》予以确定。

精神损害抚慰金的请求权，不得让与或者继承。但赔偿义务人已经以书面方式承诺给予金钱赔偿，或者赔偿权利人已经向人民法院起诉的除外。

第十九条 医疗费根据医疗机构出具的医药费、住院费等收款凭证，结合病历和诊断证明等相关证据确定。赔偿义务人对治疗的必要性和合理性有异议的，应当承担相应的举证责任。

医疗费的赔偿数额，按照一审法庭辩论终结前实际发生的数额确定。器官功能恢复训练所必要的康复费、适当的整容费以及其他后续治疗费，赔偿权利人可以待实际发生后另行起诉。但根据医疗证明或者鉴定结论确定必然发生的费用，可以与已经发生的医疗费一并予以赔偿。

第二十条 误工费根据受害人的误工时间和收入状况确定。

误工时间根据受害人接受治疗的医疗机构出具的证明确定。受害人因伤致残持续误工的，误工时间可以计算至定残日前一天。

受害人有固定收入的，误工费按照实际减少的收入计算。受害人无固定收入的，按照其最近三年的平均收入计算；受害人不能举证证明其最近三年的平均收入状况的，可以参照受诉法院所在地相同或者相近行业上一年度职工的平均工资计算。

第二十一条 护理费根据护理人员的收入状况和护理人数、护理期限确定。

护理人员有收入的，参照误工费的规定计算；护理人员没有收入或者雇佣护工的，参照当地护工从事同等级别护理的劳务报酬标准计算。护理人员原则上为一人，但医疗机构或者鉴定机构有明确意见的，可以参照确定护理人员人数。

护理期限应计算至受害人恢复生活自理能力时止。受害人因残疾不能恢复生活自理能力的，可以根据其年龄、健康状况等因素确定合理的护理期限，但最长不超过二十年。

受害人定残后的护理，应当根据其护理依赖程度并结合配制残疾辅助器具的情况确定护理级别。

第二十八条 被扶养人生活费根据扶养人丧失劳动能力程度，按照受诉法院所在地上一年度城镇居民人均消费性支出和农村居民人均年生活消费支出标准计算。被扶养人为未成年人的，计算至十八周岁；被扶养人无劳动能力又无其他生活来源的，计算二十年。但六十周岁以上的，年龄每增加一岁减少一年；七十五周岁以上的，按五年计算。

被扶养人是指受害人依法应当承担扶养义务的未成年人或者丧失劳动能力又无其他生活来源的成年近亲属。被扶养人还有其他扶养人的，赔偿义务人只赔偿受害人依法应当负担的部分。被扶养人有数人的，年赔偿总额累计不超过上一年度城镇居民人均消费性支出额或者农村居民人均年生活消费支出额。

第二十九条 死亡赔偿金按照受诉法院所在地上一年度城镇居民人均可支配收入或者农村居民人均纯收入标准，按二十年计算。但六十周岁以上的，年龄每增加一岁减少一年；七十五周岁以上的，按五年计算。

《侵权责任法》

第十六条 侵害他人造成人身损害的，应当赔偿医疗费、护理费、交通费等为治疗和康复支出的合理费用，以及因误工减少的收入。造成残疾的，还应当赔偿残疾生活辅助具费和残疾赔偿金。造成死亡的，还应当赔偿丧葬费和死亡赔偿金。

第四十八条 机动车发生交通事故造成损害的，依照道路交通安全法的有关规定承担赔偿责任。

第四十九条 因租赁、借用等情形机动车所有人与使用人不是同一人时，发生交通事故后属于该机动车一方责任的，由保险公司在机动车强制保险责任限额范围内予以赔偿。不足部分，由机动车使用人承担赔偿责任；机动车所有人对损害的发生有过错的，承担相应的赔偿责任。

《最高人民法院关于适用〈中华人民共和国侵权责任法〉若干问题的通知》

四、人民法院适用侵权责任法审理民事纠纷案件，如受害人有被抚养人的，应当依据《最高人民法院关于审理人身损害赔偿案件适用法律若干问题的解释》第二十八条的规定，将被抚养人生活费计入残疾赔偿金或死亡赔偿金。

《最高人民法院关于确定民事侵权精神损害赔偿责任若干问题的解释》

第一条 自然人因下列人格权利遭受非法侵害，向人民法院起诉请求赔偿精神损害的，人民法院应当依法予以受理：

（一）生命权、健康权、身体权；

（二）姓名权、肖像权、名誉权、荣誉权；

（三）人格尊严权、人身自由权。

违反社会公共利益、社会公德侵害他人隐私或者其他人格利益，受害人以侵权为由向人民法院起诉请求赔偿精神损害的，人民法院应当依法予以受理。

第六条 当事人在侵权诉讼中没有提出赔偿精神损害的诉讼请求，诉讼终结后又基于同一侵权事实另行起诉请求赔偿精神损害的，人民法院不予受理。

第八条 因侵权致人精神损害，但未造成严重后果，受害人请求赔偿精神损害的，一般不予支持，人民法院可以根据情形判令侵权人停止侵害、恢复名誉、消除影响、赔礼道歉。

因侵权致人精神损害，造成严重后果的，人民法院除判令侵权人承担停止侵害、恢复名誉、消除影响、赔礼道歉等民事责任外，可以根据受害人一方的请求判令其赔偿相应的精神损害抚慰金。

第十条 精神损害的赔偿数额根据以下因素确定：

（一）侵权人的过错程度，法律另有规定的除外；

（二）侵害的手段、场合、行为方式等具体情节；

（三）侵权行为所造成的后果；

（四）侵权人的获利情况；

（五）侵权人承担责任的经济能力；

（六）受诉法院所在地平均生活水平。

法律、行政法规对残疾赔偿金、死亡赔偿金等有明确规定的，适用法律、行政法规的规定。

《最高人民法院关于审理道路交通事故损害赔偿案件适用法律若干问题的解释》

第十四条 道路交通安全法第七十六条规定的“人身伤亡”，是指机动车发生交通事故侵害被侵权人的生命权、健康权等人身权益所造成的损害，包括侵权责任法第十六条和第二十二条规定的各项损害。

道路交通安全法第七十六条规定的“财产损失”，是指因机动车发生交通事故侵害被侵权人的财产权益所造成的损失。

第十五条 因道路交通事故造成下列财产损失，当事人请求侵权人赔偿的，人民法院应予支持：

（一）维修被损坏车辆所支出的费用、车辆所载物品的损失、车辆施救费用；

（二）因车辆灭失或者无法修复，为购买交通事故发生时与被损坏车辆价值相当的车辆重置费用；

（三）依法从事货物运输、旅客运输等经营性活动的车辆，因无法从事相应经营活动所产生的合理停运损失；

（四）非经营性车辆因无法继续使用，所产生的通常替代性交通工具的合理费用。

第十六条 同时投保机动车第三者责任强制保险（以下简称“交

强险”）和第三者责任商业保险（以下简称“商业三者险”）的机动车发生交通事故造成损害，当事人同时起诉侵权人和保险公司的，人民法院应当按照下列规则确定赔偿责任：

（一）先由承保交强险的保险公司在责任限额范围内予以赔偿；

（二）不足部分，由承保商业三者险的保险公司根据保险合同予以赔偿；

（三）仍有不足的，依照道路交通安全法和侵权责任法的相关规定由侵权人予以赔偿。

被侵权人或者其近亲属请求承保交强险的保险公司优先赔偿精神损害的，人民法院应予支持。

第十八条 有下列情形之一导致第三人人身损害，当事人请求保险公司在交强险责任限额范围内予以赔偿，人民法院应予支持：

（一）驾驶人未取得驾驶资格或者未取得相应驾驶资格的；

（二）醉酒、服用国家管制的精神药品或者麻醉药品后驾驶机动车发生交通事故的；

（三）驾驶人故意制造交通事故的。

保险公司在赔偿范围内向侵权人主张追偿权的，人民法院应予支持。追偿权的诉讼时效期间自保险公司实际赔偿之日起计算。

《最高人民法院关于购买人使用分期付款购买的车辆从事运输因交通事故造成他人财产损失保留车辆所有权的出卖方不应承担民事责任的批复》

四川省高级人民法院：

你院川高法〔1999〕2号《关于在实行分期付款、保留所有权的车辆买卖合同履行过程中购买方使用该车辆进行货物运输给他人造成损失的，出卖方是否应当承担民事责任的请示》收悉。经研究，答复如下：

采取分期付款方式购车，出卖方在购买方付清全部车款前保留车辆所有权的，购买方以自己名义与他人订立货物运输合同并使用该车运输时，因交通事故造成他人财产损失的，出卖方不承担民事责任。

《最高人民法院关于被盗机动车辆肇事后由谁承担损害赔偿责任问题的批复》

河南省高级人民法院：

你院《关于被盗机动车辆肇事后肇事人逃跑由谁承担损害赔偿责任的请示》收悉。经研究，答复如下：

使用盗窃的机动车辆肇事，造成被害人物质损失的，肇事人应当依法承担损害赔偿责任，被盗机动车辆的所有人不承担损害赔偿责任。

第四章　交通纠纷保险理赔那些事儿

精品普法剧

迷 踪

陈靠谱一直在寻找舒畅的下落，一个偶然的机会，他发现舒畅的银行卡在神楚镇附近的地方取了一次钱，这让他开启了这趟迷踪之旅。

神楚镇地处山城市附近，但奇怪的是，在网上并没有关于这个镇的过多介绍，可能是由于这个镇只是万千普通小镇之一，互联网查不到具体的信息也很正常，估计没什么名气，没什么特色的小镇都是这个样子吧。

可当陈靠谱驱车来到神楚镇地界的时候，才发现并不是这么一回事，看着高耸入云的山顶，跟当地人打听才知道，神楚镇就在这个山顶上，对于陈靠谱来说，通往神楚镇的山路，几乎都是盘山路，在一马平川的公路山，陈靠谱还能放胆开车，但面对如此危险的盘山路，陈靠谱的心里真是没有一点底，尤其最令人恐怖的是，这里的盘山路只能容纳一辆机动车通行，如果刚好对面也有车辆过来，那么其中的一辆车只能将半个轮胎悬在路基外，另外一辆车才能安全通过。

但辛辛苦苦寻找舒畅半年之久的陈靠谱，就算前方千难万险，也不会放过这个可能找到舒畅的机会，于是他硬着头皮小心谨慎地向山顶的神楚镇出发。根据当地人的提示，熟练的司机，一个多小时就能到达山顶，陈靠谱认为自己都开了大半年的车了，最多两个多小时，应该就能到达神楚镇了。但等他真正开上这条盘山路的时候，才发现不仅公路狭窄，地面状况也是非常糟糕，当他这辆底盘不是很高的轿车在上面行驶的时候，可以很明显地听到“哗啦哗啦”地与地面碎石发生的刮擦声，甚至一些石子随时会因为汽车轮胎的碾压，向四周飞溅出去，有时甚至还会反弹回来，砸在汽车的引擎盖、挡风玻璃或者车身的其他位置。不仅如此，这个地方随着海拔的逐渐提升，雾气也渐渐越来越浓，糟糕的路况，加上视野受阻，陈靠谱行进的速度可想而知，渐渐地陈靠谱甚至有种恍然隔世的感觉，他身处哪里？时间仿佛停止一般！突然，陈靠谱驾驶的汽车晃荡了两下就熄火了，一股烧焦的味道扑面而来，陈靠谱暗叹一声，真是倒霉，车又坏了。结果他掏手机的时候，又发现手机竟然没信号……简直悲催至极。

不过俗话说得好，天无绝人之路，就在陈靠谱下车吸烟的时候，他发现前方10米处，立了一块牌子，上面写着“李记修车铺前方100米处”。这个地方竟然有修车的？简直是奇迹，不仅如此，当他步行至100米的地方的时候，前方豁然开朗，原来这座山上并不全都是盘山道，修车铺所在的地方，刚好有个突出来的平台，方便来往车辆休憩。陈靠谱跟修车铺的老板商量好价格后，老板便派出拖车将坏在路上的汽车拖了上来，准备开始修理。

修理工：“大哥，你这个车，今天是修不好了。”

陈靠谱：“多久能修好？”

修理工：“明天吧，你看我们这里山路崎岖，接着再往上走，还是盘山道，并且每到入夜的时候，都会起大雾，你是外地人，不熟悉路况，非常危险，不如你就住在我们这的旅店里。”

陈靠谱：“旅店在哪里？”

修理工：“你瞧，前面一排密林后，就是我们这的特色旅馆，叫森林酒店。”

陈靠谱：“这里竟然还有酒店？”

修理工：“你去看看就知道了。”

天色的确不早了，陈靠谱带上行李箱，来到了这家“森林酒店”。的确招牌上写有“酒店”二字，但这个地方充其量就是个不入流的汽车旅馆，稍微让陈靠谱有点欣慰的是，卫生还算干净，服务台有个女服务员正在无精打采地看报，看来此处的生意一般。

女服务员：“住几天？”

陈靠谱：“一天。”

女服务员：“请出示身份证。”

陈靠谱：“好的，稍等。”

女服务员拿到陈靠谱递过来的身份证，看了一眼陈靠谱，意味深长地道：“你叫陈靠谱？你这一脸伤疤是怎么弄的？”

陈靠谱：“嗯，交通事故。”

女服务员：“您住 101 室。”

就在陈靠谱领了房卡，准备入住的时候，旅店的大门被推开了，又进来了两个人，一男一女，男的戴着眼镜，长相很斯文。女的很年轻，很像学生。陈靠谱心说：“竟然有人跑这个鬼地方来开房，也真是醉了。”

这二人也是按照登记流程进行登记，当陈靠谱快进入房间的时候，听到服务员念了二人的名字，一个叫陈竞志，一个叫王思思。陈靠谱心说：“真是有情调的两个人。”

陈竞志和王思思就住在陈靠谱的隔壁 102 室，原本还打算听墙根儿的陈靠谱，因为开了一天的车实在太过疲劳，没过几分钟，就呼呼地睡着了。

“咚——咚——咚”午夜的时候，陈靠谱被一连串的砸门声吵醒了，原本还想捂着被子继续睡的他，冲门外喊道：“谁啊，还让不让人睡觉了。”

门外传来的是那个女服务员的声音：“先生，请您开下门，出事了，需要您的帮忙。”

陈靠谱不耐烦地穿上衣服，将门打开，说道：“到底什么事啊，非得这个时候帮忙？”

女服务员神情焦急地道：“今天咱们旅馆算上您，一共就三个客人，你前脚办理完入住手续，就又来了两个客人，住在您的隔壁102室，现在102室的一位先生，突发急症，需要下山接受急救。”

陈靠谱：“那直接拨打120急救电话不就行了？我能帮上什么忙啊！”

女服务员：“先生，您有所不知，我们这里的盘山道，十分危险，到了晚上，从山脚下就会封路，不让车辆通行，直到早上6点才解封。”

陈靠谱：“还有这种规定？真是大千世界无奇不有。”

女服务员：“这也是当地政府为了避免出交通事故，才出的规定。”

陈靠谱：“你是想让我拉着他们两个人下山吧？可我的汽车还在你们这的修理铺，没修好呢，怎么办？”

没等女服务员回答，她身后就又突然出现一个人，吓了陈靠谱一跳，原来这个人就是修理铺的修理工，他说：“大哥，你的车已经修好了。”

女服务员说：“先生，那两位客人自己有车，您只要拉着修理工阿强在前面给他们引道就行，那位女乘客自己开车，跟在你们后面，我已经拨打了120急救电话，急救车就在山脚下的管理站等着咱们。”

“既然都要快出人命了，这个忙我一定帮，咱就别在这唠嗑了，赶紧出发吧。”陈靠谱说完就跟着修理工去修理铺取车。

一切准备停当后，陈靠谱载着阿强将车开到了“森林酒店”的大门外，这个时候，早就有一辆车SUV停在这里等着他们。陈靠谱看了一眼SUV，的确是那个叫王思思的女孩坐在驾驶室的位置上，神情显得很着急，那个叫陈竟志的男人貌似就躺在后排的座位上。

坐在副驾驶位置的阿强熟练地给陈靠谱指着道，虽然山路崎岖，盘山道的危险尽在前方，但在阿强的指点下，也算有惊无险，可能是因为有内行人指点的缘故，下山的速度比陈靠谱自己开车快多了。而后面的车辆也紧随其后，眼看就要到山脚下了，陈靠谱又加快了速度，毕竟早一秒到达山下，那个叫陈竞志的男人获救的机会就越大。

将车开到山脚下管理站的陈靠谱终于松了一口气，120急救车早已经等在此地，可就在此时，却发生了一件怪事，原本紧随其后的那辆SUV早已经不见踪影。难道是被他们超车了？这根本不可能啊，况且不说自己看到没看到，就这里的路况来说，仅有的一条车道，只能通过一辆车，超车的可能几乎不存在。

山下的120急救车上的工作人员也急了，认为陈靠谱他们是在搞恶作剧，哪有什么患急症的病人，说着就准备开走。陈靠谱和阿强急忙说："你们再等等，我们回去看看，谁不定他们的车抛锚了，没有跟上来。"

往回开的时候，陈靠谱尽量将车开得慢了一些，在这种盘山公路上，他可不想发生两车相撞的车祸，那简直就是致命的。就在这时，前面有车灯照了过来，陈靠谱还以为是王思思开的那辆SUV，可等到了近前的时候，陈靠谱暗骂了一声："太晦气了，大晚上做好事，没好报，竟然遇见了一辆殡仪馆的车。"车身上面写着几个大字"山城市第一殡仪馆"。两辆车都停下了，抱着好事做到底的陈靠谱，上前敲打殡仪馆面包车的车窗，司机摇下车窗后，客气地说："先生，您能让一下吗，我这是刚从山上的神楚镇拉的尸体，现在急需赶往殡仪馆。"陈靠谱说："没问题，但我跟你打听一件事，前面是不是有车抛锚了？"殡仪馆司机说："对对，前面的确有辆SUV，抛锚了，就在不远处，里面的女司机很着急，原本还想搭我的车一块儿下山的，但一看是殡仪馆的车，就放弃了，还说她的朋友一会儿就过来接她。”“那没错了，看来王思思的SUV的确抛锚了。”说完，陈靠谱就将自己车的半个轮胎悬在路基外，给殡仪馆的面包车让出一条可通过的道路来，面包车司机打了一个谢的手势，就径直开走了。

可当陈靠谱和阿强驱车赶到SUV抛锚地点的时候，第二件怪事发生了，只有一辆SUV孤零零地将半个轮胎悬挂在路基外，车上却不见王思思和陈竞志的踪影，这两个人竟然凭空消失了……而这时刚好是中元节过后的第二天凌晨5点，据陈靠谱后来得知，当天早上7点，陈竞志的尸体，就被发现在山城职业技术学院的实验室中。

律师详解

商业三者险和交强险的区别

1.二者的赔偿原则不同

商业三者险在赔偿的过程中，采取的是民法上的“过错责任”原则，即商业保险公司根据被保险人在所发生的交通事故中所承担的事故责任大小来确定其赔偿责任。而交强险则实行的是“无过错责任”原则，即无论被保险人是否在交通事故中负有责任，保险公司均将在固定的责任限额内予以赔偿。

商业保险公司出于有效控制风险的考虑，商业三者险往往规定了较多的责任免除事项和免赔率（额）。而交强险则没这方面的限制，几乎涵盖了所有道路交通事故风险，且不设免赔率和免赔额，其在保障范围方面，远远大于商业三者险。

2.二者的赔偿范围不同

在实践中，各保险公司的商业三者险的条款费率相互存在差异，并设有五万元、十万元、十五万元、二十万元、三十万元、五十万元乃至一百万元以上等不同档次的责任限额。而交强险的责任限额在全国范围内是统一的。

3. 二者是否具有强制性不同

在商业三者险方面，它的投保不具有强制性，机动车车主可自愿选择是否投保以及保险责任限额。而交强险具有法定强制性，根据法律的相关规定，机动车的所有人或管理人必须投保交强险，同时还规定，交强险的保险公司不能拒绝承保、不得拖延承保和不得随意解除保险合同。

经典案例

1. 我出了交通事故，想知道交强险的理赔范围包括什么？

◎ 热线陈述

曲某是一位职业足球运动员，每天都刻苦地训练，认真完成教练布置的训练科目。在比赛过程中，曲某将教练的战术方针贯彻到位，因此在队中赢得了极佳的口碑，并被视为球队下一任队长的热门人选之一。在这支职业足球队内，还有另外一位球员张某和曲某同踢一个位置，所以他俩之间属于具有竞争关系的队友，必须拿出百分百的关注度，才能拿到首发的资格。某日晚间，曲某所在的球队，取得了一场酣畅淋漓的大胜，首发的曲某更是在这场比赛中完成了自己职业生涯中的首个“帽子戏法”，而替补出场的张某则显得暗淡许多。比赛结束后，球队大部分球员都来到当地一间酒吧庆祝，这其中也包括曲某和张某，由于张某平时很少喝酒，所以他手里只是拿着一杯果汁，在一旁冷眼瞧着曲某那疯狂灌酒的姿态。庆祝结束后，滴酒未沾的张某主动提出驾车送曲某回家，曲某也欣然应允。但当曲某酒醒之后，竟然发现自己躺在医院的病床上，医院的大夫告知曲某，晚上张某驾车送曲某回家的路上，与另外一车碰撞，发生了交通事故，曲某因伤住院。为了获得应有的赔偿，曲某致电我们的法律服务热线，咨询了相关事宜。

◎ 律师答疑

根据我国法律规定，被保险机动车发生道路交通事故造成本车人员、被保险人以外的受害人人身伤亡、财产损失的，由保险公司依法在机动车交通事故责任强制保险责任限额范围内予以赔偿。道路交通事故的损失是由受害人故意造成的，保险公司不予赔偿。据此可知，曲某受伤所产生的损失，不能由张某这辆车上的交强险赔付，只能由与其相撞的另外一辆车上的交强险进行赔付。

2. 我出了交通事故，想知道交强险赔付精神损害赔偿吗?

◎ 热线陈述

李某是一位皮货商人，常年在外贩卖皮货，虽然生意不错，收入颇丰，但他已经快40岁了，并未养育子女，这也是李某的一大憾事。一年之后，李某得到了一个好消息，比他小5岁的妻子陈某，已经怀孕了，生儿育女的梦想就要实现了。妻子陈某从怀孕到产子也非常顺利，在李某40周岁生日这一天，妻子给李某生了一个大胖小子，老来得子的李某异常高兴。时间过得很快，李某儿子很快就3岁了，李某继续在外跑皮货生意，陈某全职在家照顾孩子。一日午后，陈某将孩子放在儿童车里面，推着去外面晒太阳。午后的小区道路上行人和车辆都很少，陈某哼着儿歌，惬意地享受着这份恬静。突然发动机引擎声响彻整个午后，还未等陈某回过神来，一辆在小区中快速行驶的机动车将陈某连同儿童车撞倒，直接导致小宝宝身亡。后经交警部门认定，肇事司机负全责。陈某精神深受打击，李某也是非常悲痛。现在陈某拨通了我们的法律服务热线，咨询了相关事宜。

◎ **律师答疑**

根据我国法律规定，死亡伤残赔偿限额和无责任死亡伤残赔偿限额项下负责赔偿丧葬费、死亡补偿费、受害人亲属办理丧葬事宜支出的交通费用、残疾赔偿金、残疾辅助器具费、护理费、康复费、交通费、被扶养人生活费、住宿费、误工费，被保险人依照法院判决或者调解承担的精神损害抚慰金。据此可知，出现交通事故之后，交强险也应当赔付精神损害抚慰金。

3. 出现交通事故之后，我想知道交强险在什么情况下不赔付？

◎ **热线陈述**

孙某是一位室内设计师，经常承接一些住宅装修工作的设计工作。由于孙某的设计很符合现代人的审美观念，所以客户络绎不绝，口碑很好。孙某为了增加收入，和当地的一些装修队签订了合同，专门为这些装修队的客户进行设计，然后按照装修款进行提成。某天，孙某在一家装饰城闲逛的时候，偶遇某装修队的工头张某，张某告诉孙某有一家人准备装修，但因为设计的事没到位，所以一直没谈拢，相请不如偶遇，两人就一块儿去这家量房，看看能否给这家业主一个满意的设计。由于离装饰城并不远，两人徒步前往，但在路过一个路口的时候，原本是绿灯正常通行的人行横道上，突然一辆机动车飞速行驶过来，将包工头撞翻在地。后经交警部门认定，肇事司机吴某在未取得驾驶资格的情况下，擅闯红灯，撞翻正常通行的路人张某，吴某全责。张某事后在住院的时候，有人告诉他，吴某撞他的这种行为，交强险的保险公司是不赔钱的。为了搞清楚到底赔不赔钱，张某致电了我们法律服务热线，咨询了相关事宜。

◎ 律师答疑

根据我国法律规定，有下列情形之一的，保险公司在机动车交通事故责任强制保险责任限额范围内垫付抢救费用，并有权向致害人追偿：（一）驾驶人未取得驾驶资格或者醉酒的；（二）被保险机动车被盗抢期间肇事的；（三）被保险人故意制造道路交通事故的。有上述所列情形之一，发生道路交通事故的，造成受害人的财产损失，保险公司不承担赔偿责任。据此可知，张某在医院的治疗费用，肇事车辆交强险的保险公司是需要先行向张某垫付治疗费用的。垫付之后，交强险保险公司可向吴某追偿。

4. 我买了辆新车，在未上牌照的时候发生了交通事故，保险公司赔付吗？

◎ 热线陈述

高某一直想买一辆车用来上下班代步用，但苦于没有牌照，所以购车计划一直被搁浅，但心中那股买车的欲望从未熄灭过。经过两年的摇号，高某终于摇到一个车号。经过一阵紧锣密鼓的筹集资金、选车、砍价等购车准备行为之后，终于在一家4S店，购买了一辆心仪的某品牌的SUV。新车到手后，由于制作车牌还有一段时间，耐不住激动心情的高某，在未上牌照的时候，就偷偷开车上路了。然而，心情澎湃万千的高某，油门踩下去就收不住脚了，在享受着速度带来快感的同时，忘记了高速行驶的危险，只听得一声惨叫，一辆三轮车被高某撞翻在地，高某下车查看后，报了警。后经警方鉴定，高某负全责。在随后申请交强险赔付的时候，却被保险公司告知，按照合同约定，未上牌照的机动车，上路发生交通事故的，属于保险公司免责事由，因此拒绝赔付。为了搞清楚此事，高某致电我们法律服务热线，咨询了相关事宜。

◎ 律师答疑

根据我国法律规定，合同双方的意思表示真实，且达成一致的，合同成立且有效。此外，车辆无牌照禁止上路，是法律明确的禁止性规定，也无须保险条款特别说明。高某应当遵守。在现实生活中，保险公司一般都会在合同条款中对此进行明确告知，并将此内容作为免责条款予以约定。据此可知，本案中的保险公司拒赔的理由是符合法律规定的，相关责任只能由高某自己承担。

5. 我发生了交通事故，想知道什么是抢救费用？

◎ 热线陈述

宋某是某送餐 APP 的外卖送餐员，平日里通过手机 APP 揽活，在送外卖的过程中赚取辛苦钱。对宋某来说，天气好的时候，生意反倒一般，但凡到刮风下雨天气不好的时候，生意就会红火起来，因为这个时候，很多人都愿意选择宅在家里，不愿出门。某天又赶上天气恶劣，刚下完雪，路上非常湿滑，但宋某手机 APP 里面的订单却异常地火爆，宋某根据订单的先后顺序，分别在两家快餐店取了快餐，开着电动车行驶在送餐的路上。但由于交通环境恶劣，宋某在送餐的时候，被一辆醉驾的机动车撞倒，醉驾司机负全责，但有人告诉他，在这种情况下，保险公司只垫付抢救费用。关于到底什么是抢救费用，宋某并不十分清楚，因此拨通我们的法律服务热线，咨询了相关事宜。

◎ **律师答疑**

根据我国法律规定，抢救费用，是指机动车发生道路交通事故导致人员受伤时，医疗机构参照国务院卫生主管部门组织制定的有关临床诊疗指南，对生命体征不平稳和虽然生命体征平稳但如果不采取处理措施会产生生命危险，或者导致残疾、器官功能障碍，或者导致病程明显延长的受伤人员，采取必要的处理措施所发生的医疗费用。据此可知，如果宋某受到的伤害符合上述法律规定的抢救费用标准的，交强险的保险公司就应当先行垫付。

6. 我发生了交通事故，但肇事司机逃逸了，该怎么办？

◎ **热线陈述**

赵某是个体户，长期在各小区内从事家用电器的清洗和维修工作。由于这份工作属于“走街串巷”性质的工作，只要有客户打电话，赵某基本上是随叫随到，客户至上。某天中午，赵某正准备收工回家吃饭的时候，又有客户打电话叫他上门提供油烟机的清洗工作。有活来了，肯定是先干活，再吃饭。于是乎，赵某紧赶慢赶地奔向指定的地点，还算顺利的是，清洗工作很快就干完了，100 块钱的清洗费也顺利赚到，这让赵某很高兴。赵某给在家的媳妇打了电话，让她准备点烧酒，说是今天生意不错，小小庆祝一下。但令所有人没想到是，就在赵某回家的路上，路过一个林荫小道的时候，一辆疾驰而过的面包车将赵某撞到旁边的沟渠中，导致其重伤。由于肇事司机已经驾车逃逸，救治赵某的医疗费无处落实，为此，赵某致电我们的法律服务热线，咨询了相关事宜。

◎ 律师答疑

医疗机构对交通事故中的受伤人员应当及时抢救，不得因抢救费用未及时支付而拖延救治。肇事车辆参加机动车第三者责任强制保险的，由保险公司在责任限额范围内支付抢救费用；抢救费用超过责任限额的，未参加机动车第三者责任强制保险或者肇事后逃逸的，由道路交通事故社会救助基金先行垫付部分或者全部抢救费用，道路交通事故社会救助基金管理机构有权向交通事故责任人追偿。据此可知，本案中赵某的抢救费用，应当由相应的社会救助基金先行垫付。

7. 我想知道在发生交通事故之后，谁来通知保险公司？

◎ 热线陈述

王某是某生鲜批发市场的一摊位业主，常年从事海鲜的批发和零售业务。尤其是逢年过节或者谁家有红白喜事的时候，总会有人家需要包桌，这个时候王某就能赚上一笔，由此可知，王某的大部分业务都是来自海鲜包桌。由于海鲜不同于别的产品，及时送货上门，保持新鲜很重要，所以王某每次都是亲自开着自家的面包车送货上门，只有做到让顾客满意，才会成为回头客。某月周五，王某接到一个酒店的客户电话，说明天有结婚的包桌，需要10桌量的海鲜，生意来了，王某就赶紧备货，准备第二天早上就送到酒店去。由于手头货源不算太多，为了筹集到足够的海鲜，王某临时从另外一家海鲜仓库中调到了足够的海鲜，但需要王某自己去拉货。价格和数量谈妥后，王某开着面包车行驶在拉货的路上，当天下午由于赶上下雨，路面非常湿滑，王某特意放缓了速度，与前车保持着安全距离。但就在这个时候，前方行驶的车辆突然采取急刹车，虽然王某采取了减速措施，但还是着实撞在了前车的后保险杠上，并且直接导致了四辆车前后相撞的事故。

四辆机动车司机下来后，均认为自己没有过错，相互推诿。但现在有个问题来了，每辆车都上有交强险，那么到底谁来通知保险公司呢？为此，王某致电我们的法律服务热线，咨询了相关问题。

◎ 律师答疑

根据我国法律规定，发生保险事故后，被保险人应当积极协助保险人进行现场勘查和事故调查。发生与保险赔偿有关的仲裁或者诉讼时，被保险人应当及时书面通知保险人。投保机动车第三者责任强制保险的机动车发生交通事故，因抢救受伤人员需要保险公司支付抢救费用的，由公安机关交通管理部门通知保险公司。在现实生活中，一旦出现交通事故，被保险人为了能够获得保险赔偿，通常都会主动通知保险公司，如果被保险人怠于通知的，受害人也可以通知保险人发生交通事故的警情。如果被保险人怠于通知的，保险公司也不会被免予承担保险责任。

8. 我发生了交通事故，想知道谁可以向保险公司进行求偿？

◎ 热线陈述

甄某开了一个饮料和零食的批发摊位，位于某农贸市场的零食大厅。甄某的业务除了零售之外，还负责对市区内某街道附近的酒店、杂货店、报摊等商店的供货业务。由于是自家的生意，为了节省成本，所以凡事甄某都是亲力亲为，有的时候，一整天都是在外面开车送货，虽然很辛苦，但能赚到钱，甄某也是很高兴的。赶上圣诞节临近，饮料和零食的需求量大大提高，甄某的送货业务是非常紧张，往往都是刚送完这家，就得赶紧送货到下一家，一刻不得休息。由于圣诞节的时候，很多商户在夜间还在对外营业，所以甄某的送货时间一直持续到深夜凌晨1点才结束。送货业务结束后，甄某在路边的通宵快餐店吃完饭，就开车行驶在回家的路上。当车辆驶过一个交通环岛的时候，突然一辆逆行的车飞奔而来，这辆车上面的驾驶员明显在酒精的刺激下，冲着甄某的送货车撞了过了，直接导致甄某车辆发生侧翻，肇事车辆虽然翻倒，但惊魂不定的肇事司机以及随车人员，拉开车门，一路小跑地消失在路边的小树林中。经过交警认定，肇事方负全责，但怎奈肇事司机已经逃逸，现在甄某想知道他是否可以向肇事司机的保险公司进行求偿？为此他们拨通了我们的法律服务热线，咨询了相关事宜。

◎ **律师答疑**

根据我国法律规定，被保险机动车发生道路交通事故的，由被保险人向保险公司申请赔偿保险金。保险公司应当自收到赔偿申请之日起1日内，书面告知被保险人需要向保险公司提供的与赔偿有关的证明和资料。被保险人死亡、失踪、逃逸、丧失索赔能力或书面放弃索赔权利的，发生受害人人身伤亡，保险人可以受理受害人的索赔。据此可知，被保险人和受害人均可以向保险公司进行索赔，本案中，肇事司机逃逸后，作为受害人的甄某可以向肇事机动车所属的保险公司，进行求偿。

9. 发生交通事故后，我和对方达成了调解，但保险公司拒赔，该怎么办？

◎ **热线陈述**

陈某有辆皮卡车，周末休息的时候，都会出去找点散活赚点外快，贴补家用。某个周日，附近家具商店的老板找到陈某，让其给某小区一位业主送一套双层床。双方谈妥运费后，陈某就拉着双层床和安装工人，驱车前往某小区送货。待车辆行驶到小区门口的时候，一位出来遛弯的老人刚好也从小区大门出来，来不及刹车的陈某，将老人剐蹭倒地，且致残。后经交警认定，陈某负全责。最初的时候，关于赔偿问题，双方并未谈妥，所以诉至了法院，后经过法院的主持调解，双方达成了调解协议，陈某向受害老人一次性支付医药费 6 万元。之后，陈某要求保险公司赔付这笔费用，但保险公司以未经其同意的情况下，达成的调解协议无效为由，拒绝赔付。为了解决此事，陈某的家属，致电我们的法律服务热线，咨询了相关事宜。

◎ **律师答疑**

根据我国法律规定，在中华人民共和国境内（不含港、澳、台地区），被保险人在使用被保险机动车过程中发生交通事故，致使受害人遭受人身伤亡或者财产损失，依法应当由被保险人承担的损害赔偿责任，保险人按照交强险合同的约定对每次事故在下列赔偿限额内负责赔偿：（一）死亡伤残赔偿限额为 110000 元。（二）医疗费用赔偿限额为 10000 元。（三）财产损失赔偿限额为 2000 元。（四）被保险人无责任时，无责任死亡伤残赔偿限额为 11000 元；无责任医疗费用赔偿限额为 1000 元；无责任财产损失赔偿限额为 100 元。死亡伤残赔偿限额和无责任死亡伤残赔偿限额项下负责赔偿丧葬费、死亡补偿费、受害人亲属办理丧葬事宜支出的交通费用、残疾赔偿金、残疾辅助器具费、护理费、康复费、交通费、被扶养人生活费、住宿费、误工费，被保险人依照法院判决或者调解承担的精神损害抚慰金。医疗费用赔偿限额和无责任医疗费用赔偿限额项下负责赔偿医药费、诊疗费、住院费、住院伙食补助费，必要的、合理的后续治疗费、整容费、营养费。保险事故发生后，肇事双方在人民法院主持下，达成调解协议，真实有效。且肇事方陈某已经向受害老人支付了 6 万元医药费，被保险人在这起交通事故中承担的经济赔偿责任，并没有超出保险限额，交强险保险公司应当予以赔偿。保险公司称肇事双方并未在其同意的情况下达成调解协议，应属无效，但由于调解协议达成的数额，并未超过交强险法定的赔偿数额，因此并未扩大保险公司所承担的责任，所以保险公司的辩称无效。

10. 发生交通事故后，我想知道索赔的时候需要提供什么材料？

◎ 热线陈述

郭某是某装修队的工头，手底下有七八个同乡，跟着他一年到头地在外给人装修。由于同行之间竞争非常激烈，所以郭某为了顺应时代的潮流，也在网上开始打广告，做推广。因为郭某的信誉很好，所以通过网上也接到了好几单生意。某天，郭某通过某网络装修平台的APP，接到了一个免费量房的活，郭某深知只要对方有装修的意向，邀约自己去量房，那这个装修的活，基本上就被自己揽下了。作为工头，要想揽到活，就必须给业主一个满意的装修方案，报价是一方面，技术是更重要的一方面。通过和业主沟通，在业主家，郭某分别指出了这套房子在格局、质量以及装修方面需要注意的专业意见，这很令业主满意，双方也草签了合同。就在郭某兴高采烈地回家，通过一个路口的时候，和一辆直行的车辆发生了碰撞，出了一起交通事故。后经交警认定，郭某负全责。现在郭某致电我们的法律服务热线，咨询了相关事宜。

◎ 律师答疑

根据我国法律规定，发生交通事故后，需要提供以下材料：（1）索赔申请书，机动车行驶证，机动车驾驶证，被保险人身份证明，领取赔款人身份证明。（2）事故证明材料：交通事故责任认定书，调解书（或简易事故处理书，交通事故自行协商处理协议书，或法院、仲裁机构的裁决书、调解书、判决书）。（3）损失情况证明：车辆定损单，车辆修理发票，财产损失清单。（4）人员费用证明：医院诊断证明，医疗费报销凭证，误工证明及收入情况证明，伤残鉴定书，死亡证明，被扶养人证明材料，户籍证明。

11. 将机动车借给他人后，发生交通事故的，保险公司是否赔付？

◎ 热线陈述

李某是个旅游爱好者，每年都会抽出一定的时间出去旅游。李某基本上都是通过驴友网站，召集一帮自驾游爱好者，穿越那些尚未开发的山川和丛林。为此，李某还专门向朋友借了一辆越野车，供穿越之用。为了将车辆的性能发挥到极致，李某还专门去维修厂进行了检修，做了必要的保养措施，待到约定之日就出发上路。眼瞅着就快到了约定之日，李某准备驾越野车外出采购旅游必需品，按照事先列好的清单，一样一样地凑齐。但是，清单中有一项专业攀岩用品，在当地根本找不到，从网上订购时间又来不及，于是通过打听，知道邻市有专卖店在出售这种攀岩用品，看来只能驱车前往购买了，时间也是刚刚够用。为了节省时间，李某决定从邻市买完东西，就直奔约定地点，但就在这个过程中，李某驾驶越野车刚上高速路，就与一辆轿车发生了交通事故，后经过交警判定，李某负全责。但现在有个问题，这辆车的车主是李某朋友高某，保险公司也因此拒赔。为此，车主高某致电我们的法律服务热线，咨询了相关事宜。

◎ 律师答疑

根据我国法律规定，被保险人，是指投保人及其允许的合法驾驶人。保险期间内，被保险人或其允许的合法驾驶人在使用被保险机动车过程中发生意外事故，致使第三者遭受人身伤亡或财产直接损毁，依法应当由被保险人承担的损害赔偿责任，保险人依照本保险合同的约定，对于超过机动车交通事故责任强制保险各分项赔偿限额以上的部分负责赔偿。据此可知，无论机动车在何人掌控之下，只要机动车处于合法的驾驶人掌控下发生交通事故的，承保交强险或者商业三者险的保险公司就应当承担赔付责任。

12. 我的车辆出售后，在尚未过户的情况下，发生交通事故的，保险公司赔付吗？

◎ 热线陈述

某中介公司的经理马某，有辆开了五年的捷达车，最近准备卖掉，换一辆新车。在经过去二手车市场打听好行情后，马某将车辆卖给了陈某。陈某在支付全款后，便将车开走了。所以双方一直未办理过户手续。一个月后，陈某在驾驶这辆机动车上班途中与他人发生碰撞，交警部门经过现场勘查之后，认定陈某负全责。但现在有个现实的问题摆在陈某面前，由于这辆车并未办理过户手续，也因此并未通知保险公司。所以该车的交强险保险公司以此为由拒绝理赔。为了解决此事，陈某拨通了我们的法律服务热线，咨询了相关事宜。

◎ 律师答疑

根据我国法律规定，被保险机动车所有权转移的，应当办理机动车交通事故责任强制保险合同变更手续。在保险期间内，被保险机动车转让他人的，投保人应当书面通知保险人并办理批改手续。据此可知，法律规定机动车转移所有权应当办理过户手续，但是并没有将未过户作为保险公司免赔的免责事由，此外，根据前一个案例的法律规定，本案中的陈某也可以是马某允许的合法驾驶人，因此本案中的保险公司应当理赔。

13. 车主被自家车撞死了，保险公司赔付吗？

◎ 热线陈述

刘某是一名常年在外跑运输的老司机，除了驾驶技术娴熟外，修车技术也是一流，别人的车如果在跑长途的过程中坏了，肯定是找当地的维修公司进行救援，但往往会被一些维修厂宰上一笔。而刘某的车是自己贷款购买的大货车，为了避免被人宰，节省运输成本，每次出车，都将各种修车的工具带上车，以备不时之需。某日，刘某接了一单往某市运送蔬菜的活，但在运输途中，刘某的车发生故障，刘某下车检查的时候，车辆不知为何突然启动，将躺在车身下面检查的刘某当场轧死。悲剧的发生令刘某的家人悲痛欲绝，当地的交警部门认定，刘某在这起交通事故中负全责。现在刘某的家属要求相关保险公司进行赔付，但保险公司却不予赔偿。为了弄明白到底是怎么回事，刘某家属致电我们的法律服务热线，咨询了相关事宜。

◎ 律师答疑

根据我国法律规定，被保险机动车发生道路交通事故造成本车人员、被保险人以外的受害人人身伤亡、财产损失的，由保险公司依法在机动车交通事故责任强制保险责任限额范围内予以赔偿。本保险合同中的第三者是指因被保险机动车发生意外事故遭受人身伤亡或者财产损失的人，但不包括被保险机动车本车上人员、投保人、被保险人和保险人。据此可知，无论是交强险还是商业三者险，都将车主排除在外。因此本案中的死者是无法获得保险公司赔付的，为了避免再次出现不能赔偿的悲剧，笔者建议车主们在开车过车中，一定要购买意外伤害等商业保险，如交通意外伤害险。

14. 我发生了交通事故，和对方“私了”后，能否作为保险理赔依据？

◎ 热线陈述

赵某是某饭店的厨师，手底下带了几个学徒工，平日如果不忙的时候，就会让这几个学徒，替他炒菜，所以一般下午的时候，赵某刚好可以休息一段时间。某天下午，赵某微信好友孙某邀请他去新开的咖啡店试喝咖啡，闲来无事的赵某欣然应允。由于孙某的咖啡店距离赵某所工作的饭店还有一段距离，赵某只得驾车前往。但在路上赵某和一辆面包车发生了剐蹭，双方都认为没有什么大事，赵某掏了400块钱给对方，并和对方签了一纸和解协议。赵某赴约之后，便联系保险公司理赔，但保险公司以自己未出现场为由拒赔。现在赵某致电我们的法律服务热线，咨询了相关事宜。

◎ 律师答疑

根据我国法律规定，在道路上发生交通事故，未造成人身伤亡，当事人对事实及成因无争议的，可以即行撤离现场，恢复交通，自行协商处理损害赔偿事宜；不即行撤离现场的，应当迅速报告执勤的交通警察或者公安机关交通管理部门。机动车与机动车、机动车与非机动车在道路上发生未造成人身伤亡的交通事故，当事人对事实及成因无争议的，在记录交通事故的时间、地点、对方当事人的姓名和联系方式、机动车牌号、驾驶证号、保险凭证号、碰撞部位，并共同签名后，撤离现场，自行协商损害赔偿事宜。当事人对交通事故事实及成因有争议的，应当迅速报警。据此可知，法律认可当事人双方之间的和解协议，因此本案中的保险公司应当对赵某的400元损失予以理赔。除非肇事双方和解涉及的费用畸高，保险公司可以请求人民法院做适当调整。

15. 我的大货车以及挂车都投了保险，出现交通事故，该如何赔付？

◎ 热线陈述

宋某长期在外给别人跑运输，不仅累，赚的还不多，并且还要受他人指使，有的时候，钱没赚多少，还要受一肚子气。思来想去，宋某决定自己买车跑运输，从此自己当老板，不受夹板气。宋某以贷款的方式购买了大货车和挂车，从事建筑材料的运输，并且还给大货车连同挂车分别在两家保险公司上了交强险。某日，宋某承接了一单给某楼盘运送钢筋水泥的活儿，在运输途中，由于大雾的原因，视野受阻，与一辆小轿车发生了交通事故，造成小轿车侧翻，小轿车车上人员不同程度受伤，交警认定宋某负全责。现在有个问题摆在宋某面前，在这起交通事故中，由于是大货车与小轿车发生相撞，那么到底是大货车投保的保险公司给予赔付，还是连同挂车投保的保险公司一起赔付呢？为了搞清楚这个问题，宋某致电我们的法律服务热线，咨询了相关事宜。

◎ 律师答疑

根据我国法律规定，主车和挂车在连接使用时发生交通事故，主车与挂车的交强险保险人分别在各自的责任限额内承担赔偿责任。若交通管理部门未确定主车、挂车应承担的赔偿责任，主车、挂车的保险人对各受害人的各分项损失平均分摊，并在对应的分项赔偿限额内计算赔偿。主车与挂车由不同被保险人投保的，在连接使用时发生交通事故，按互为三者的原则处理。据此可知，本案中受害人的损失，由两家保险公司在各自的赔偿限额内进行赔付。

16. 事故发生在机动车道路以外的地方，还能获赔吗?

◎ 热线陈述

李某从事起重机械作业多年，并考取了相关的资格证书，所以属于合法的持证上岗工作者。杨某是某建筑公司的老板，雇佣李某为其开起重机，在工地上从事起重机作业。某日，李某驾驶着起重机在一建筑工地内作业，将钢梁往厂房上方进行吊装，作业过程中，抬臂将厂房上方钢梁碰掉，砸到了在厂房下方施工的王某。王某在送往医院的过程中不治身亡。杨某向起重机投保的保险公司申请赔付，但保险公司以此事故并非发生在机动车道路内，拒绝赔付。为了解决此事，杨某致电我们的法律服务热线，咨询了相关事宜。

◎ 律师答疑

根据我国《道路交通安全法》规定，车辆在道路以外通行时发生的事故，公安机关交通管理部门接到报案的，参照本法有关规定办理。机动车在道路以外的地方通行时发生事故，造成人身伤亡、财产损失的赔偿，比照适用本条例。据此可知，本案中的事故虽然是发生在机动车道路以外的建筑工地，但由于是机动车造成的死亡事故，保险公司不能据此免责。应当在交强险限额内，予以赔付，不足部分，再由侵权人赔偿。

17. 听说有个“交强险满限额提前结案处理机制”，能说说是什么吗?

◎ 热线陈述

某演艺文化传播公司是一家从事网络在线演艺的经纪公司，旗下拥有签约艺人多达上千名。目前更是在北京、上海、广州等地建立了分公司以及办事处。该公司专注于网络在线主播艺人的培养、挖掘、包装、推广。郭某在演艺圈打拼多年，与各大娱乐媒体建立了长期稳定的合作关系，擅长处理与应对各种负面新闻，进行危机公关。该公司为了将郭某挖到麾下，除了天价工资外，还专门为其配置了豪华跑车，作为入职大礼。郭某入职后，先后处理了多起公司艺人在公众场合的不雅新闻，获得公司艺人和老板的青睐。在公司组织的一次庆功会上，某著名在线主播喝多，公司为了避免出现负面新闻，便委派郭某将该艺人送回家，但在路上发生了交通事故，导致对方车辆报废，司机死亡的事故。后经交警认定，郭某负全责。在协商赔偿事宜的过程中，郭某听说有个“交强险满限额提前结案处理机制”，想知道具体内容，便致电了我们法律服务热线，咨询相关事宜。

◎ 律师答疑

根据我国法律规定，适用满限额提前结案处理机制，应当符合如下条件：（1）涉及人员伤亡，医疗费用支出已超过交强险医疗费用赔偿限额或估计死亡伤残费用明显超过交强险死亡伤残赔偿限额；（2）被保险人申请并提供必要的单据。申请的材料包括：相关证明材料：①索赔申请书，机动车行驶证，机动车驾驶证，被保险人身份证明，领取赔款人身份证明；②交通事故责任认定书；③人员费用证明：医院诊断证明，医疗费报销凭证；死亡证明，被扶养人证明等。

法条链接

《道路交通安全法》

第七十条 在道路上发生交通事故，车辆驾驶人应当立即停车，保护现场；造成人身伤亡的，车辆驾驶人应当立即抢救受伤人员，并迅速报告执勤的交通警察或者公安机关交通管理部门。因抢救受伤人员变动现场的，应当标明位置。乘车人、过往车辆驾驶人、过往行人应当予以协助。

在道路上发生交通事故，未造成人身伤亡，当事人对事实及成因无争议的，可以即行撤离现场，恢复交通，自行协商处理损害赔偿事宜；不即行撤离现场的，应当迅速报告执勤的交通警察或者公安机关交通管理部门。

在道路上发生交通事故，仅造成轻微财产损失，并且基本事实清楚的，当事人应当先撤离现场再进行协商处理。

第七十五条 医疗机构对交通事故中的受伤人员应当及时抢救，不得因抢救费用未及时支付而拖延救治。肇事车辆参加机动车第三者责任强制保险的，由保险公司在责任限额范围内支付抢救费用；抢救费用超过责任限额的，未参加机动车第三者责任强制保险或者肇事后逃逸的，由道路交通事故社会救助基金先行垫付部分或者全部抢救费用，道路交通事故社会救助基金管理机构有权向交通事故责任人追偿。

《道路安全法实施条例》

第九十条 投保机动车第三者责任强制保险的机动车发生交通事故，因抢救受伤人员需要保险公司支付抢救费用的，由公安机关交通管理部门通知保险公司。

抢救受伤人员需要道路交通事故救助基金垫付费用的，由公安机关交通管理部门通知道路交通事故社会救助基金管理机构。

《机动车交通事故责任强制保险条例》

第十八条 被保险机动车所有权转移的，应当办理机动车交通事故责任强制保险合同变更手续。

第二十一条 被保险机动车发生道路交通事故造成本车人员、被保险人以外的受害人人身伤亡、财产损失的，由保险公司依法在机动车交通事故责任强制保险责任限额范围内予以赔偿。

道路交通事故的损失是由受害人故意造成的，保险公司不予赔偿。

第二十二条 有下列情形之一的，保险公司在机动车交通事故责任强制保险责任限额范围内垫付抢救费用，并有权向致害人追偿：

（一）驾驶人未取得驾驶资格或者醉酒的；

（二）被保险机动车被盗抢期间肇事的；

（三）被保险人故意制造道路交通事故的。

有前款所列情形之一，发生道路交通事故的，造成受害人的财产损失，保险公司不承担赔偿责任。

第二十八条 被保险机动车发生道路交通事故的，由被保险人向保险公司申请赔偿保险金。保险公司应当自收到赔偿申请之日起1日内，书面告知被保险人需要向保险公司提供的与赔偿有关的证明和资料。

第四十二条 本条例下列用语的含义：

（一）投保人，是指与保险公司订立机动车交通事故责任强制保险合同，并按照合同负有支付保险费义务的机动车的所有人、管理人。

（二）被保险人，是指投保人及其允许的合法驾驶人。

（三）抢救费用，是指机动车发生道路交通事故导致人员受伤时，医疗机构参照国务院卫生主管部门组织制定的有关临床诊疗指南，对生命体征不平稳和虽然生命体征平稳但如果不采取处理措施会产生生命危险，或者导致残疾、器官功能障碍，或者导致病程明显延长的受伤人员，采取必要的处理措施所发生的医疗费用。

《机动车交通事故责任强制保险条款》

第八条 在中华人民共和国境内（不含港、澳、台地区），被保险人在使用被保险机动车过程中发生交通事故，致使受害人遭受人身伤亡或者财产损失，依法应当由被保险人承担的损害赔偿责任，保险人按照交强险合同的约定对每次事故在下列赔偿限额内负责赔偿：

（一）死亡伤残赔偿限额为110000元；

（二）医疗费用赔偿限额为10000元；

（三）财产损失赔偿限额为2000元；

（四）被保险人无责任时，无责任死亡伤残赔偿限额为11000元；无责任医疗费用赔偿限额为1000元；无责任财产损失赔偿限额为100元。

死亡伤残赔偿限额和无责任死亡伤残赔偿限额项下负责赔偿丧葬费、死亡补偿费、受害人亲属办理丧葬事宜支出的交通费用、残疾赔偿金、残疾辅助器具费、护理费、康复费、交通费、被扶养人生活费、住宿费、误工费，被保险人依照法院判决或者调解承担的精神损害抚慰金。

医疗费用赔偿限额和无责任医疗费用赔偿限额项下负责赔偿医药费、诊疗费、住院费、住院伙食补助费，必要的、合理的后续治疗费、整容费、营养费。

第十七条 发生保险事故后，被保险人应当积极协助保险人进行现场查勘和事故调查。

发生与保险赔偿有关的仲裁或者诉讼时，被保险人应当及时书面通知保险人。

《机动车辆第三者责任保险条款》

第三条 本保险合同中的第三者是指因被保险机动车发生意外事故遭受人身伤亡或者财产损失的人，但不包括被保险机动车本车上人员、投保人、被保险人和保险人。

第五章　交通纠纷诉讼证据那些事儿

精品普法剧

犹言本相

一辆SUV行驶在通往神楚镇的盘山公路上，开车的叫陈竞志，后排座位上的姑娘叫王思思，陈竞志的表情非常轻松，嘴里还在哼着小曲。而坐在后排的王思思将这一切都看在眼里，她的内心有些复杂，这可能是她跟陈竞志相处的最后一个夜晚。由于已经入夜，王思思建议在半山腰的“森林酒店”住宿一晚，心情很好的陈竞志并没有反对，虽然他认为只有进了神楚镇，才算真的安全，但已经和王思思完美摆脱杀人案的他，认为在酒店住宿一晚，也没什么大不了的，不急这一晚。当二人办理入住手续的时候，看见一个满脸伤疤的男人刚好办完手续，陈竞志还挺高兴，看来神楚镇又来新客人了。毕竟能在神楚镇生存下去的，都是跟他们一样的同类人。

陈竞志原本还想和王思思温存一下，但被王思思以“太累了”拒绝了，“那就睡吧”，陈竞志说完没过多久就呼呼地睡着了。一个小时后，王思思确定陈竞志已经睡着，起身从枕头底下抽出一根泛着蓝光的细针，轻轻地在陈竞志的头顶插了进去，很快陈竞志便失去了知觉。之后，王思思一脸焦急的模样跑向了服务台，原本还在熟睡的服务员被她叫醒了，她告诉服务员陈竟志犯了急症，需要急救。服务员连忙拨打了120急救电话，并告诉对方在山脚下的管理站等候。接着服务员联系附近的修车铺叫来了阿强，让他开车给王思思当向导。阿强告诉服务员，他这刚好有一辆修好的小汽车，只要陈大哥同意帮忙，这样前后两辆车更安全。之后，阿强便坐在陈靠谱的车上，给大家引导着方向，而就在快要下山的时候，王思思神不知鬼不觉地将SUV半个轮胎悬在路基外，这时候有一辆车身上面印刷着“山城市殡仪馆”的面包车，紧随其后地赶了过来，并停在SUV旁边，面包车上下来一个人，和王思思一起将陈竟志的“尸体”放在了面包车内，王思思压低身子也躲在面包车内，从车上下来的那个人，开着面包车向山下驶去，路上遇到了陈靠谱和阿强，并告诉他们有一辆SUV抛锚在半道上。陈靠谱和阿强让面包车通过后，面包车又顺利地通过了山脚下的管理站。没过多久，陈竟志的尸体便以自杀的方式出现在山城职业技术学院的实验室里。

清晨的神楚镇，风景秀美静怡，一辆面包车缓慢地开进了小镇内，办公院内的工作人员公告栏里面，方国平的名字和照片都被抹去，换上了刚从面包车下来的另外一个人的名字和照片，她叫舒畅。当然主任的名字和照片还是李秀秀。现在一个很显然的结局就是，李秀秀同意了舒畅入伙的条件，取代方国平的位置。因为作为男人的方国平一直对自己屈居李秀秀之下非常不满意，多次在上层面前有意无意表达出自己应当做神楚镇一把手的言语，这让李秀秀看在眼里，恨在心里。既然现在有个机会能够铲除方国平，那李秀秀自然不会放过，在利用镇外的身份王思思和陈竟志联手陷害敖寒之后，李秀秀知道自己的机会来了，但俗话说得好“螳螂捕蝉黄雀在后”，她并不知道舒畅来神楚镇并非误打误撞，也绝非偶然，当成功离间李秀秀和方国平的关系后，舒畅的机会也来了，一只更大更密的网，正在向李秀秀张开。

神楚镇中的外来人，都有着自己不可告人的秘密，而李秀秀最近正在被一段往事所困扰，可以说这段困扰一直存续了很长时间，为了摆脱困扰，李秀秀四处求医，虽然最终被诊断为抑郁症，但终究难逃病症的折磨。不知何时，神楚镇有个叫王二栓的神棍加入了他们的犯罪组织，王二栓原本是个街头算命的，号称有一手“招魂问路”的绝活，只要经他作法，但凡死去的人还未投胎，他就能将这个人的魂魄从地府里给招上来问话。虽然他的这些话，在绝大多数人眼中，被视为“扯淡”或者“鬼话连篇”，因为这年头但凡是算命的，就没几个是说真话的，不过是借助鬼神之说，在社会上骗钱混口饭吃而已。但大多数人中却并不包括李秀秀，因为李秀秀之所以能够在神楚镇生存下去，还要从她的秘密说起。

李秀秀的原名的确叫王思思，由于长得很漂亮，加上性格叛逆，所以高中没毕业就走入了社会，为了谋生，她在山城市中最大的夜总会当啤酒妹，陪客人喝酒，向客人推销高价酒水，赚取提成和小费。这样的日子很疯狂也很潇洒，但王思思有个秘密却不为外人知道，虽然身为女儿身，也处于情窦初开的年纪，但她并不喜欢男人，而非常喜欢那些流连夜店的女生，她觉得只有女生才不会在感情上欺骗自己，也只有在别的女生身上才能找到感情的寄托。于是她和一个经常来夜店消费的女生李秀秀成为了无话不说的知己，她听李秀秀说自己的感情刚刚受到了重创，所以现在是感情真空期。随着时间的推移，二人的关系从知己又发展成了恋人。一天，李秀秀打电话来告诉她，自己开车撞了人，好像还把那个人给撞死了，不知道该怎么办，很惶恐，很害怕。王思思很快就来到了李秀秀的身边，由于事发现场属于偏僻路段，并没有监控设备，所以王思思帮忙清理了相关肇事证据之后，就开着李秀秀的车，将李秀秀从现场带离了。虽然这件事情，被巧妙地掩盖了，但李秀秀一直受着良心的谴责，所以看在眼里的王思思，就跟夜总会请了一个月的假，准备带着李秀秀出去散散心。然而就是这次散心，彻底改变了二人的命运，因为她们才是误打误撞地进入了神楚镇。而神楚镇的生存规则，在误入之后几天里，被早早进入社会的王思思洞察到，于是为了保命，王思思偷了李秀秀的身份证，把自己变成了李秀秀，而真正的李秀秀却成了神楚镇生存规则的牺牲品。

生存下来的王思思在内心深处一直并没有忘记过李秀秀，她甚至后悔当初那么做了，时间一长，她就患上了抑郁症，俗话说得好“解铃还需系铃人”，她知道王二栓竟然会招魂，便要求王二栓帮助自己招魂，并用言语威胁王二栓，成功则已，如果不成功，她将把王二栓再送回精神病院。王二栓在给王思思施了法之后，便拿给王思思几根蜡烛，并叮嘱她，这几根看似普通的蜡烛，已经与亡灵联系起来了，只要在亡灵的埋尸地将蜡烛点着，如果冒出的火光是蓝色的，那么说明亡灵愿意跟着你去任何地方，并且还能和亡灵进行交流。但千万记住，这个过程绝对不能回头，如果回头，不但亡灵不会跟着你，还可能会被亡灵带走。这些话，倒是令王思思心生寒意，对此也是深信不疑。

一个雨后的夜晚，王思思拿着王二栓给她的蜡烛，来到了李秀秀的埋尸地，在经过思想斗争之后，她决定招李秀秀的魂魄上来，带她回自己的房间。当蜡烛点起的时候，说来也奇怪，一阵阴风吹过，原本是普通的黄色火光，被这阵风一吹，竟然变成了蓝色，一种恐怖而诡异的气氛顿时在王思思的身边蔓延开来，她不敢回头，因为她感觉到自己的背后有什么东西在跟着自己，她只能按照王二栓的叮嘱，回到自己的住处。回到住处的她，赶紧关上了房门，此时的她又有些后悔了，她担心一旦李秀秀的魂魄真被招上来，会不会将自己带走?

室内的光线很暗，关上门后，背后有人跟着的感觉仿佛被阻隔在门外，王思思终于松了一口气。可就在这时，突然几声“咚——咚——咚”敲门声响起，而眼前的那根蜡烛依然绽放着蓝色而诡异的火光，王思思喊道：“谁在外面？”无人应答，过了几分钟，又是一阵“咚——咚——咚”的敲门声，王思思虽然继续喊着：“谁在外面？”但依然无人应答，此时的夜已经很深了，外面刮起的寒风将窗外的树枝吹得好像恶灵一样摇摆，难道是李秀秀的魂魄在外面？她又冲里面喊道：“是秀秀吗？”当“秀秀”二字说出来的时候，她的声音颤抖得连自己都快分辨不出来了，这是一种在极度恐惧中发出的声音。她虽然害怕至极，但门外好像有一种魔力一样，将她深深地吸引了过去，门被她打开了，一件东西从她的头顶掉落了下来，正中她的头部，她在昏迷之前，看了一眼那个东西，一块带血的山石，这是她为了生存下去，当初砸死李秀秀的那块山石。

一切都结束了，王思思的尸体连同她的身份证被抛弃在荒野中。舒畅的身边又多了一个白发苍苍的女人[①]，正在流着泪，用毛巾擦拭着李秀秀的遗照，颤颤地念叨着：“秀秀，娘给你报仇了，你放心地走吧，雨馨会照顾我的！”

关于毁灭、伪造证据罪的解析

我国现行《刑法》明确规定了帮助毁灭、伪造证据罪。该罪指的是帮助诉讼活动的当事人毁灭、伪造证据，情节严重的行为。

帮助毁灭、伪造证据罪在客观方面，实施了帮助诉讼活动的当事人毁灭、伪造证据。换言之，本罪行为人所毁灭、伪造的必须是有关他人的诉讼案件的证据。

帮助毁灭、伪造证据罪在主体方面，是当事人之外的，已经达到

---

① 女人与舒畅关系，详见《物业纠纷：发生在你身边的99个真实案例》中《黑暗之光——天道》。

法定年龄、具有辨认控制能力的自然人。如果当事人教唆第三人为当事人毁灭、伪造证据的，第三人接受教唆实施了毁灭、伪造证据行为的，当然成立帮助毁灭、伪造证据罪。

帮助毁灭、伪造证据罪必须是由故意构成。第一，“帮助”一词已经包含了有为当事人毁灭、伪造证据的主观意思。虽然从现行司法实践上看，犯罪行为人一般具有使当事人逃避或减轻法律制裁的目的，但这一目的并不是构成要件要素。换言之，就算犯罪行为人不具有这一目的，也不影响本罪的成立。第二，犯罪行为人必须能够认识到自己毁灭、伪造的是有关当事人诉讼活动的证据，进而也认识到自己帮助毁灭、伪造证据的行为会妨害司法等活动的客观公正性。第三，在帮助当事人伪造证据的场合，犯罪行为人必须具有使用证据的意思。即犯罪行为人在伪造证据时，必须具有将证据交付当事人或者司法机关，使伪造的证据在诉讼中发挥作用的意思。第四，犯罪行为人对毁灭、伪造证据的结果持希望或者放任的态度。

在本罪的处罚方面，根据我国《刑法》第三百零七条第二款的规定，犯帮助毁灭、伪造证据罪的，处3年以下有期徒刑或者拘役。司法工作人员犯本罪的，从重处罚。

经典案例

1. 我在交通纠纷诉讼中，证据种类包括哪些？

◎ 热线陈述

俗话说得好：“打官司，就是打证据。”王某经营了一家洗车行，为了提高竞争力，推出购买储值卡优惠洗车的活动，凡是购买500元以上洗车卡的消费者，可享受7折的优惠折扣。由于促销力度不小，很多消费者纷纷来到王某的洗车行办理了洗车卡，一时间，洗车生意很是红火。但最近，王某摊上了一件倒霉事，某天他竟然接到了法院寄来的诉状等材料，说是他被一个叫李某的人告了，起诉状中声称，李某之所以出现交通事故，并赔偿了相关损失，均是因为在王某处洗车的时候，王某将其车的刹车片搞坏，才出现了交通事故，并附上了相关证据的复印件。这让王某很纳闷，自己只是个安分守己的洗车人，怎么客户出了交通事故，就赖到自己头上了，于是乎，他也准备收集相关证据，以备将来诉讼中使用。现在王某致电我们的法律服务热线，咨询了相关事宜。

◎ **律师答疑**

根据我国法律规定，民事诉讼的证据包括以下几种：（一）当事人的陈述；（二）书证；（三）物证；（四）视听资料；（五）电子数据；（六）证人证言；（七）鉴定意见；（八）勘验笔录。证据必须查证属实，才能作为认定事实的根据。据此可知，王某可以根据上述规定，根据证据的不同种类，分门别类地做好收集工作，并列好证据目录，做到清晰明确，证明目的言简意赅，以保证诉讼活动的顺利进行，从而切实维护自己的合法权益。

2. 我在交通纠纷诉讼中，如何收集和保存证据？

◎ **热线陈述**

现在流行养宠物狗，很多人都在闲暇之余出来遛遛狗，增加户外生活的乐趣。高某是某外资公司的白领，虽然在工作中是个女强人，气场很足，令人畏惧，但生性怕狗，所以每每遇见狗，都会躲得远远的。话说这一日，高某像往常一样，开着私家车下班，在快到小区的时候，高某减了速，但就在准备开车驶入小区大门的时候，突然从大门旁边的供业主步行的小门中，一只“金毛”犬跑了出来，虽然金毛犬外貌憨厚，性格温顺，但高某还是非常害怕，原本踩在刹车上的脚，不小心踩在了油门上，一脚油门下去，将牵着“金毛”犬的刘某和犬一起撞翻在地，导致刘某受了擦伤，而“金毛”犬则被撞致身亡。交警到现场勘查后，认定高某负全责。双方关于刘某的擦伤，如何赔偿并没有异议，但对“金毛”犬的身价到底值多少钱，分歧很大，刘某这只“金毛”犬是花了两万元购买的，所以他认为高某应当赔付自己两万元，而高某则认为，“金毛”犬很多地方顶多就卖一两千元，所以并不认可刘某的说法，为此二人闹上了法院，准备通过诉讼解决此纠纷。现在高某致电我们的法律服务热线，咨询了相关事宜。

◎ 律师答疑

根据我国法律规定，当事人对自己提出的主张应当及时提供证据。因此收集和保存证据应当注意以下几点：

（1）要加强自己的证据意识。但凡有交通事故发生，必然会有大量的用来反映原始状况的材料存在。对于涉案当事人来说，就很有必要在发生交通事故之后，立刻想到保留相关的物品、单据甚至拍照保存，以备将来之需。

（2）树立仔细、全面的观念。在收集和保存证据的过程中，务必做到仔细和全面，不能疏忽大意，并且要有耐心和恒心，否则很容易遗漏关键证据。

（3）做好证据保护措施。比如对于难以长时间保存和易灭失的证据，需要采取相关的措施进行保护。例如可以通过公证的方式，加以保护。

（4）可以申请法院调取证据。如果证据存在难以获取的客观情况，比如一些证据是由国家机关保存，就需要申请法院进行调查取证。

（5）收集和保存证据必须合法。严禁采取违法的方式收集和保存证据。非法收集和保存的证据，将来在法庭上也不会被采纳。

3. 我在交通纠纷诉讼中，如何申请证据保全？

◎ 热线陈述

今年春节的时候，李某驾驶着自家的轿车外出拜年，由于很多快一年没见的亲朋好友又难得地聚在了一起，就难免多喝了几杯。几杯酒下肚后，李某就有种找不到北的感觉了。下午大家散席后，李某在醉酒的状态下，又开着车赶往下一个拜年的地方，此时虽然李某的酒醒了点，但头脑还是昏昏沉沉的。就在通过一个路口的时候，打着瞌睡的李某与对面骑摩托车的刘某发生剐蹭，导致刘某手腕部位擦伤，所幸伤势不重。李某深知自己是醉酒驾车，一旦惊动警方，后果不堪设想，于是便主动和对方讲和，提出给3000块钱私了。刘某看大过年的，谁都不容易，并且还和李某是一个村的，就同意了。但李某提出现在身上没这么多钱，等明天再主动给刘某送上门。刘某看见李某很真诚，也就没有再多说什么。但第二天，李某并没有将钱送到刘某家，并且在刘某上门讨要说法的时候，李某却摆出一副“死猪不怕开水烫”的姿态，不承认昨天醉酒驾车发生的交通事故。经过一个多月的讨要说法，根本没什么效果，刘某只得将李某起诉至法院。但现在有个问题摆在刘某眼前，因为当时双方并没有达成任何纸面的协议，由于是村路，事发的路段也没有监控设备，因此也无法证实到底是否发生了交通事故。但皇天不负有心人，经过多方打听，在当天，有个老翁路过此处，见到了当时发生的一切，但现在老翁已经住院，据说有病危的危险，为了稳妥起见，刘某准备申请法院进行证据保全。那么法院是否会同意刘某的申请呢？为此，刘某致电我们的法律服务热线，咨询了相关事宜。

◎ 律师答疑

根据我国法律规定，在证据可能灭失或者以后难以取得的情况下，当事人可以在诉讼过程中向人民法院申请保全证据，人民法院也可以主动采取保全措施。因情况紧急，在证据可能灭失或者以后难以取得的情况下，利害关系人可以在提起诉讼或者申请仲裁前向证据所在地、被申请人住所地或者对案件有管辖权的人民法院申请保全证据。据此可知，本案中唯一的目击证人现在出现了病危的情况，属于证据日后难以取得的情况，因此法院应当同意刘某的申请，采取证据保全措施，比如人民法院的工作人员可以采取到病房录音录像的方式，对老人的证言进行保存。

4. 我在交通纠纷诉讼中，想知道什么是举证时限？

◎ 热线陈述

陈某是某国有企业的下岗职工，由于工作的时候是修理工，所以现在开了修车摊，修理各种自行车。为了能够获得更多的收入，陈某在某十字路口的边上，对来往的自行车行人提供修车服务。由于陈某的修车手艺不错，很多骑自行车出行的人们在自行车出现故障的时候，宁可多走两步，也要来陈某的修车摊进行修理。某日午后，陈某躲在修车摊的遮阳伞下休息，耳边放着评书，手里拿着茶杯，慢慢地喝着，很是惬意。突然，耳边传来剧烈撞击声，不一会儿又有人的哭泣声和咒骂声。从睡梦中被吵醒的陈某发现原来是在这个十字路口的正中央，发生了一起交通事故，揉揉眼睛的他准备起身围观。然后就在这时，陈某突然感觉到身体一阵剧痛，这才发现自己膝盖上不知道什么时候，被一个锋利的碎片镶入其内，看来是刚才两辆机动车发生碰撞时候，一辆车上的碎片飞下来，误伤了陈某。陈某找到肇事双方，但肇事双方并不认可是自己的车辆飞出的碎片，因此在谈不拢的情况下，陈某起诉至法院。现在肇事双方均收到了法院寄送的起诉材料，为了进行抗辩，其中一方刘某正在着手寻找证据，他听说找证据还有个什么举证时限？为了搞清楚，他拨通了我们的法律服务热线，咨询了相关事宜。

◎ 律师答疑

根据我国法律规定，当事人应当在举证期限内向人民法院提交证据材料，当事人在举证期限内不提交的，视为放弃举证权利。对于当事人逾期提交的证据材料，人民法院审理时不组织质证。但对方当事人同意质证的除外。当事人增加、变更诉讼请求或者提起反诉的，应当在举证期限届满前提出。当事人在举证期限内提交证据材料确有困难的，应当在举证期限内向人民法院申请延期举证，经人民法院准许，可以适当延长举证期限。当事人在延长的举证期限内提交证据材料仍有困难的，可以再次提出延期申请，是否准许由人民法院决定。据此可知，当事人进行举证，必须符合法律规定期限，错过或者无故拖延，将会产生不利于己的法律后果。

5. 我在交通纠纷诉讼中，想知道申请证人出庭作证，有什么具体规定？

◎ 热线陈述

今年快过年的时候，陈某开车出去采购年货，路上偶遇表哥赵某也要采购年货，便捎上赵某一同去某农贸市场置办年货。在车辆行驶到农贸市场门口的时候，突然从马路的另一侧高速驶来一辆吉普车，陈某驾车根本来不及躲避，被吉普车撞个正着，车上的陈某和赵某均有不同程度的受伤。后经过交警认定，吉普车司机负全责。现在双方对如何赔偿问题，各持己见，无法达成和解协议。陈某见对方没有跟自己和谈的意思，便准备将吉普车司机起诉至当地的人民法院。他听说当时有很多商铺的人，都看到了这起交通事故，准备找人作证。但他不知道我国法律关于申请证人出庭作证，有什么具体规定，于是便致电我们的法律服务热线，咨询了相关事宜。

◎ 律师答疑

根据我国法律规定，不能正确表达意志的人，不能作为证人。当事人申请证人出庭作证，应当在举证期限届满十日前提出，并经人民法院许可。人民法院对当事人的申请予以准许的，应当在开庭审理前通知证人出庭作证，并告知其应当如实作证及作伪证的法律后果。证人因出庭作证而支出的合理费用，由提供证人的一方当事人先行支付，由败诉一方当事人承担。未经人民法院通知，证人不得出庭作证，但双方当事人同意并经人民法院准许的除外。出庭作证的证人应当客观陈述其亲身感知的事实。证人为聋哑人的，可以其他表达方式作证。证人作证时，不得使用猜测、推断或者评论性的语言。审判人员和当事人可以对证人进行询问。证人不得旁听法庭审理；询问证人时，其他证人不得在场。人民法院认为有必要的，可以让证人进行对质。人民法院在证人出庭作证前应当告知其如实作证的义务以及作伪证的法律后果，并责令其签署保证书，但无民事行为能力人和限制民事行为能力人除外。证人拒绝签署保证书的，不得作证，并自行承担相关费用。据此可知，陈某申请证人出庭作证，应当符合法律规定，严禁胁迫、诱导证人作伪证。

6. 我是一名小学生，目睹了一起交通事故，可以出庭作证吗？

◎ 热线陈述

某小学学生高某，今年上四年级，品学兼优，是班里的数学课代表，并在当地的奥数大赛中，名列前茅。这一日，下午放学的时候，高某行走在一处僻静的道路上，忽见一辆小货车七扭八歪地行驶在这条道路上，只听砰的一声，这辆小货车撞到了一辆停在路边的面包车上，由于当时面包车主并不在车上，所以这辆小货车见面包车没有动静，就继续往前开，肇事后逃逸了。后来，高某通过看当地的新闻直播才知道，这辆面包车中，当时存放了很重要的陶瓷器具，因出现了交通事故，面包车遭遇撞击的缘故，里面陶瓷器具已经被毁损，由于事发路段没有监控设备，行人也很少，所以通过媒体征集线索，寻找目击证人。高某就将此事告诉了父母，想当证人，伸张正义。但他父母认为高某就是个小孩子，哪懂得什么作证，作证应该是大人的事，小孩子就别掺和了。高某并不认可父母的观点，于是拨通了我们的法律服务热线，咨询了相关事宜。

◎ **律师答疑**

根据我国法律规定，凡是知道案件情况的单位和个人，都有义务出庭作证。有关单位的负责人应当支持证人作证。不能正确表达意思的人，不能作证。待证事实与其年龄、智力状况或者精神健康状况相适应的无民事行为能力人和限制民事行为能力人，可以作为证人。据此可知，法律并不禁止未成年人作证。本案中的四年级小学生高某，目睹了一起发生在偏僻路段的交通事故，其中的待证事实，也就是小货车撞击面包车的客观事实，完全与其年龄、智力状况相适应，因此其有义务出庭作证，也完全能够出庭作证。

7. 我准备申请证人出庭作证，想知道交通纠纷诉讼中，如何审查证人证言？

◎ **热线陈述**

刘某是一位出租车司机，平日里风里来雨里去的，为每一位需要代步的乘客提供着优质的服务。在一个风雨交加的夜晚，刘某遭遇了一起奇怪的交通事故，刘某担心这个天气状况出现交通事故，所以特别小心翼翼地开车，但还是莫名起妙地发生了一起交通，将一位骑着自行车的行人撞倒。交警到现场后，还认定了刘某负全部责任。回到家后的刘某越想越纳闷，这个骑自行车的行人，到底是什么时候冒出来的呢？在思索中回忆着事发前到事发后的各种细节，但还是百思不得其解，看来只能自认倒霉赔钱了。但就在第二天上班的时候，刘某接到一个自称是这起交通事故的目击者，并向刘某讲述了他看到的一切。听到目击者的讲述，刘某才明白了事发的经过，但目击者告诉他的情况，却太过离奇，不知道别人是否相信。为了维护自己的合法权益，刘某并不同意被撞者的赔偿内容，认为对方有“碰瓷儿”的嫌疑，所以他决定将这件事起诉至法院。并在诉讼过程中，申请了这个目击证人出庭作证，但刘某还是担心目击证人说的内容过于离奇，法官不相信，所以他拨通了我们的法律服务热线，咨询了相关事宜。

◎ 律师答疑

根据我国法律规定，审查证人作证，主要围绕以下三步进行：

（1）了解证人基本情况。比如，证人的姓名、职业、年龄、与当事人的关系等内容。因为这些情况可以充分反映证人证言的真实性和证明力大小。

（2）了解证言的基本情况。在一起交通事故中，证人证言涉及的内容是非常广泛的，比如，事故车里的基本状况、事发路面的基本状况、事故车辆有无违章记录等内容。对这些内容，要综合对比，具体分析，不能偏听偏信。

（3）注意观察证人的表情。证人在出庭作证的时候，可以对其进行询问，在证人回答询问内容之时，可以通过观察证人的面部表情来判断证人证言的真伪以及可信度。

8. 我遭遇了一起交通事故，现在到了诉讼阶段，想知道申请法院调取证据是如何操作的？

◎ 热线陈述

李某和王某系夫妻，二人在某公交站点附近承租了一个小门面房，经营早点生意。由于李某的手艺好，他炸出来的油条色泽鲜亮，味道可口；王某制作的豆腐脑和豆浆爽滑甜美，关键他们家从来不用地沟油，都是使用正规的食用油，所以很受附近居民和上班族的青睐。话说这么一天清晨，李某夫妻二人早早就支起了灶台，然后王某又打扫了一下门面房附近的卫生，准备开工做饭。但就在这个时候，一辆小轿车横冲直撞地向早点摊开了过来，王某躲闪不及被撞伤，后被送到医院进行治疗。后经交警认定，小轿车负全责。由于小轿车车主拒绝赔付，王某便将小轿车车主起诉至当地的人民法院。但此时发生了一个问题，李某手中关于王某住院治疗期间的医药费单据不翼而飞，这可是法院认定赔多少钱的关键证据，于是李某赶紧联系医院，要求复印相关费用的存根，但遭到医院拒绝。李某为此准备申请法院调查取证，但相关规定并不是很了解，便致电我们的法律服务热线，咨询了相关事宜。

◎ 律师答疑

根据我国法律规定，当事人及其诉讼代理人因客观原因不能自行收集的证据，或者人民法院认为审理案件需要的证据，人民法院应当调查收集。当事人及其诉讼代理人申请人民法院调查收集证据，应当提交书面申请。申请书应当载明被调查人的姓名或者单位名称、住所地等基本情况、所要调查收集的证据的内容、需要由人民法院调查收集证据的原因及其要证明的事实。当事人及其诉讼代理人申请人民法院调查收集证据，不得迟于举证期限届满前七日。人民法院对当事人及其诉讼代理人的申请不予准许的，应当向当事人或其诉讼代理人送达通知书。当事人及其诉讼代理人可以在收到通知书的次日起三日内向受理申请的人民法院书面申请复议一次。人民法院应当在收到复议申请之日起五日内作出答复。调查人员调查收集的书证可以是原件，也可以是经核对无误的副本或者复制件。是副本或者复制件的，应当在调查笔录中说明来源和取证情况。调查人员调查收集的物证应当是原物。被调查人提供原物确有困难的，可以提供复制品或者照片。提供复制品或者照片的，应当在调查笔录中说明取证情况。调查人员调查收集计算机数据或者录音、录像等视听资料的，应当要求被调查人提供有关资料的原始载体。提供原始载体确有困难的，可以提供复制件。提供复制件的，调查人员应当在调查笔录中说明其来源和制作经过。

9. 我遭遇了交通事故，想知道相关的鉴定都包括哪些？

◎ 热线陈述

郭某经营了一家酒吧，奔放的主题设计，先进的音响设备，加上高档的装潢装饰，让这家酒吧的人气很足。李某绰号叫“老虎”，是一家在线直播网站的主播，主要从事户外直播这块业务，并且是晚上黄金时间上档，并取名“老虎户外直播”。李某通过朋友介绍，知道这家酒吧很不错，所以某天便选定了这家酒吧作为直播场所，向在线的网友介绍酒吧的文化和形形色色的客人们。当晚，郭某因事去外面应酬，开车回来的时候，刚好赶上李某拿着自拍杆在酒吧周围拍来拍去，郭某便准备在李某身旁停车，询问李某等人在干什么？但是由于郭某在应酬的时候，喝了一些洋酒，在酒精的作用下，原本是停车，却硬生生地将李某撞倒在地，发生了一起交通事故。李某由于伤势不轻，很快便被送到医院进行急救。事后，经交警认定，郭某酒后驾车，负全责。由于这起事故中，既涉及伤情轻重的认定，又涉及酒精含量的检验，日后李某可能落下伤残，所以还可能进行伤残评定等一系列法律活动，因此李某非常想知道交通事故中往往要做哪些鉴定？为此，他拨通了我们的法律服务热线，咨询了相关事宜。

◎ 律师答疑

根据我国法律规定，随着交通纠纷诉讼的不断增多，交通事故涉及的检验鉴定，作为证据使用，越来越受到涉诉当事人的重视，在司法实践中，一般会涉及如下鉴定：

（1）尸检。它分为尸表检验和解剖检验。尸表检验是对交通事故中身亡的受害者尸体进行表面伤痕的例行检验，通过这种检验确认案件的性质，从而证明死者尸体表面伤痕是由交通事故所导致，对查明死亡原因以及分析死者的伤痕和成伤机制，提供了重要依据。解剖检验的作用主要在于：a. 肇事逃逸案，通过对尸体进行解剖确定刑事案件的侦破防线，为破获案件提供线索和证据；b. 发生多车碰撞、碾压尸体之时，寻找最先撞击的车辆，确认直接死因；c. 如果遇见不明尸体之时，还可以查清死亡原因。

（2）伤情鉴定。它又分为轻伤和重伤的鉴定，通过对交通事故中伤害对象的致伤原因和伤害状况进行检验，按照相关标准做出损伤程度的鉴定。

（3）成伤机制鉴定。通过对交通事故中人体受到损伤情况进行检验，确定受伤部位与交通事故伤害后果的因果关系，分析事故的原因，排除其他非交通事故因素，为后续的调解、诉讼等法律活动，提供客观依据。

（4）伤残评定。发生交通事故之后（例如本案中的李某在交通事故中可能致残），当受害人在接受治疗行为终结后，受害人认为遭遇交通事故需要索赔残疾赔偿金之时，就需要向法院举证自己所受到伤害致残的等级评定。这个伤残评定就需要委托法医进行。

（5）酒精含量检验。本案中就是一起因酒驾引发的交通事故，按照法律规定，司机有下列情形之一的，应当进行体内血液酒精含量检测：交通事故造成死亡的；交通事故造成重伤的；交通事故造成3人以上致伤的；交通事故影响恶劣的；司机有酒驾嫌疑的等情形。

（6）车辆安全性能、机械故障、车型检验。发生交通事故之后，涉事车辆就会成为检验对象，根据需要对事故车辆进行相关的检验和鉴定。

（7）痕迹鉴定。发生交通事故之后，鉴定人员会通过提取交通事故现场相关的接触痕迹，运用对比、化验等检验方式方法，确定交通事故中人、车、物之间的碰撞、碾压、剐蹭等关系。

（8）指纹鉴定。发生交通事故之后，需要解决肇事司机不确定的交通肇事案，所以就需要进行指纹鉴定，从而确定肇事嫌疑人。

（9）微量物质鉴定。发生交通事故之后，通过对事故现场的油漆、塑料、橡胶、油脂、纤维等物质进行成分检验，确定该物质与交通事故之间的关系。

（10）物证鉴定。发生交通事故之后，法医在交通事故现场提取人体的毛发、皮肉组织、血液等样本，通过检验得出结论，从而确认肇事司机或者死者身份，为人体和机动车或者物体的接触，提供强有力的证据。

10. 我被车撞了，想知道如何申请鉴定？

◎ 热线陈述

孙某在某市场租了一间房，对外销售鱼类等生鲜食品。由于是居民附近的菜市场，所以除了向普通居民出售之外，还负责周围饭店的生鲜等食品的批发业务。由于孙某初来乍到，生意并不是很多，所以闲暇之余，孙某都会去市场周边转转，借此机会推广一下自己的生鲜食品。一个偶然的机会，孙某在闲逛的时候，看见有家商店在装修，通过跟装修工人打听得知，这家商店日后将会被装修成为饭店。由于同行之间的竞争非常激烈，发现这种新开的店面就是个机会，于是他打听出饭店负责人的联系方式后，便和对方攀谈起来，介绍起自家的生鲜食品是如何地好，价格是如何地实惠。详谈之后，饭店负责人邀请他到附近的咖啡店进行具体谈话，但就在这个边打电话，边走路的过程中，从南边开过来一辆运送装修材料的货车，不知出于何故，竟然将孙某撞倒，致使孙某多根肋骨骨折，现场干活的工人拨通急救电话，孙某被送往附近医院进行救治。交警部门到现场后，认定司机负主要责任，孙某负次要责任。但肇事双方关于赔偿的事宜并未谈妥，孙某准备起诉肇事方，但这个时候，需要申请相关的鉴定，但他不知道如何申请，为此拨通了我们的法律服务热线，咨询了相关事宜。

◎ 律师答疑

根据我国法律规定，当事人申请鉴定，应当在举证期限内提出。符合本规定第二十七条规定的情形，当事人申请重新鉴定的除外。对需要鉴定的事项负有举证责任的当事人，在人民法院指定的期限内无正当理由不提出鉴定申请或者不预交鉴定费用或者拒不提供相关材料，致使对案件争议的事实无法通过鉴定结论予以认定的，应当对该事实承担举证不能的法律后果。当事人申请鉴定经人民法院同意后，由双方当事人协商确定有鉴定资格的鉴定机构、鉴定人员，协商不成的由人民法院指定。

11. 我发生了交通事故，在诉讼中想知道什么是证据交换？

◎ 热线陈述

李某是某小学的学生，由于属于老来得子，其父平日里都是亲自接送李某上下学，就担心李某出点什么事。这一日李某的父亲驾车送李某去参加钢琴培训班，在到达目的地之前，李某说肚子痛，想去上厕所。父亲便驾车寻找路边哪里有厕所，在这个过程中，父亲感觉后边有人驾驶摩托车尾随自己，感觉是有人对自己的孩子图谋不轨，便让李某忍忍，等到了培训机构再说。然后父亲就加速行驶，准备摆脱跟踪，但摩托车的速度仿佛也提了起来，与李某父亲的机动车一前一后地行驶着，就在这个过程中，由于李某父亲过于紧张，与前方路口人行横道中的一行人发生了碰撞，造成该行人受伤。后经出现场的交警认定，李某父亲负全责。现在李某父亲和受害行人之间关于如何赔偿起了纷争，李某认为行人就是被剐蹭了一下，怎么可能花掉近 10 万元的医疗费。为此双方将此纠纷诉至法院，准备通过法院解决。现在法院告诉他们要交换证据，关于如何交换证据，李某心理又泛起了嘀咕，由于自己并不懂得什么是交换证据，所以便致电我们的法律服务热线，咨询了相关事宜。

◎ 律师答疑

根据我国法律规定，经当事人申请，人民法院可以组织当事人在开庭审理前交换证据。人民法院对于证据较多或者复杂疑难的案件，应当组织当事人在答辩期届满后、开庭审理前交换证据。证据应当在法庭上出示，由当事人质证。未经质证的证据，不能作为认定案件事实的依据。当事人在证据交换过程中认可并记录在卷的证据，经审判人员在庭审中说明后，可以作为认定案件事实的依据。所谓的证据交换，指的是在开庭审理之前答辩期届满之后，诉讼双方在人民法院的主持下相互展示己方证据的诉讼过程。主要目的就是有助于双方在庭审前获得详细的证据信息，并据此做出相关分析。

12. 我发生了交通事故，诉讼中想知道质证的具体内容是什么？

◎ 热线陈述

刘某是个体户，在某电脑城经营电脑配件业务。由于受到电商的冲击，所以生意并不好做。为了生存下去，刘某是绞尽脑汁，尽量多找一些客户，为此他是经常出去寻找客源。在这个过程中，很多客户自己并不懂得装机、有的甚至连最基本的系统维护都不会，因此刘某会免费给客户提供上门装机和维护系统的服务，也因此获得了好口碑，拉到不少客源。某日，刘某的一位客户给他电话，说自己从刘某那购买的电脑，现在无法开机了，请刘某去看一下。刘某在去客户家的途中，在通过人行横道之时，与一辆拐弯的车辆发生碰撞，出了交通事故。经过交警认定，刘某负次要责任，肇事司机负主要责任。之后双方关于如何赔偿的问题，达不成和解，因此双方只能将此案通过诉讼途径解决。在离开庭日子越来越近的时候，刘某心里有点没底，因为他听说开庭的时候，会对相关证据进行质证，这个时候非常关键，但自己又不懂什么是质证，为了做到心里有数，他便拨通了我们的法律服务热线，咨询了相关事宜。

◎ 律师答疑

根据我国法律规定，证据应当在法庭上出示，由当事人质证。未经质证的证据，不能作为认定案件事实的依据。当事人在证据交换过程中认可并记录在卷的证据，经审判人员在庭审中说明后，可以作为认定案件事实的依据。涉及国家秘密、商业秘密和个人隐私或者法律规定的其他应当保密的证据，不得在开庭时公开质证。对书证、物证、视听资料进行质证时，当事人有权要求出示证据的原件或者原物。但有下列情况之一的除外：（一）出示原件或者原物确有困难并经人民法院准许出示复制件或者复制品的；（二）原件或者原物已不存在，但有证据证明复制件、复制品与原件或原物一致的。质证时，当事人应当围绕证据的真实性、关联性、合法性，针对证据证明力有无以及证明力大小，进行质疑、说明与辩驳。质证按下列顺序进行：（一）原告出示证据，被告、第三人与原告进行质证；（二）被告出示证据，原告、第三人与被告进行质证；（三）第三人出示证据，原告、被告与第三人进行质证。人民法院依照当事人申请调查收集的证据，作为提出申请的一方当事人提供的证据。人民法院依照职权调查收集的证据应当在庭审时出示，听取当事人意见，并可就调查收集该证据的情况予以说明。案件有两个以上独立的诉讼请求的，当事人可以逐个出示证据进行质证。

13. 我发生了交通事故，诉讼中想知道证明力大小的问题？

◎ 热线陈述

叶某是某洋快餐店的送餐员，平日里很忙，根本没时间陪家人。终于等到休息的时候，有时间和家人一起逛街了。但天有不测风云人有旦夕祸福，叶某和妻子陈某横跨马路的时候，被一辆无牌照的摩托车撞倒，叶某只是轻微擦伤，陈某却因头部着地，造成颅内出血。交警认定无牌照的摩托车驾驶人负全责。此后，双方关于如何赔偿的问题，一直没有什么进展，叶某只能选择将此事诉至法院，通过法院解决。在快开庭的时候，由于手里的诊疗治病的单据原件不翼而飞，手里只有从医院复制过来的复印件，他很担心自己的证据在开庭的时候有问题，所以便拨通了我们的法律服务热线，咨询了相关事宜。

◎ 律师答疑

根据我国法律规定，下列证据不能单独作为认定案件事实的依据：（一）未成年人所作的与其年龄和智力状况不相当的证言；（二）与一方当事人或者其代理人有利害关系的证人出具的证言；（三）存有疑点的视听资料；（四）无法与原件、原物核对的复印件、复制品；（五）无正当理由未出庭作证的证人证言。人民法院就数个证据对同一事实的证明力，可以依照下列原则认定：（一）国家机关、社会团体依职权制作的公文书证的证明力一般大于其他书证；（二）物证、档案、鉴定结论、勘验笔录或者经过公证、登记的书证，其证明力一般大于其他书证、视听资料和证人证言；（三）原始证据的证明力一般大于传来证据；（四）直接证据的证明力一般大于间接证据；（五）证人提供的对与其有亲属或者其他密切关系的当事人有利的证言，其证明力一般小于其他证人证言。在本案中，叶某一方手里证据原件丢失，只有复印件。质证过程中，如果没有原件，的确对其非常不利，所以笔者建议叶某申请法院向医院调取相关证据原件。

14. 我发生了交通事故，想知道哪些事实是不需要举证的？

◎ 热线陈述

欧阳某某是某演艺经纪公司旗下的签约模特，由于气质好，长相靓丽，很受各大电商平台的青睐，所以接到的拍摄通告非常多。某日，欧阳某某接到某电商“双 11”期间数码产品的拍摄通告，便在经纪公司的安排下，驾驶公司提供的轿车只身前往片场。但在驾车途中，与一辆大货车发生了碰撞，造成腿部受伤。交警认定大货车司机负主要责任，欧阳某某负次要责任。但在日后的治疗过程中，欧阳某某的腿部留下了明显的疤痕，这让她的星途受到严重影响，并且双方关于如何赔偿的问题，一直没有得到合理的解决，为此，欧阳某某将大货车司机起诉至法院，准备通过诉讼途径解决。在准备诉讼材料的过程中和收集证据的过程中，欧阳某某听说有的事实是不需要举证的，为此，她拨通了我们的法律服务热线，咨询了相关事宜。

◎ 律师答疑

根据我国法律规定，下列事实，当事人无须举证证明：（一）众所周知的事实；（二）自然规律及定理；（三）根据法律规定或者已知事实和日常生活经验法则，能推定出的另一事实；（四）已为人民法院发生法律效力的裁判所确认的事实；（五）已为仲裁机构的生效裁决所确认的事实；（六）已为有效公证文书所证明的事实。前款第（一）、（三）、（四）、（五）、（六）项，当事人有相反证据足以推翻的除外。诉讼过程中，一方当事人对另一方当事人陈述的案件事实明确表示承认的，另一方当事人无须举证。但涉及身份关系的案件除外。

15. 我出了交通事故，想知道什么是诉讼中的举证责任？

◎ 热线陈述

周某是某村村民，是村内红白喜事的常客，你要问为什么？原来他有一个手艺，就是会杀猪，说白了他就是个屠夫。虽然现在有很多屠宰场提供杀猪服务，但毕竟找周某杀猪，花钱不多就能解决了。某日，高某家办喜事，请周某上门，红包封了300块钱，还有一顿酒席可吃。周某见有生意上门，便撂下手中的农活，准备工具，第二天出发。次日，周某将一干工具准备齐全后，骑上自行车，就出门了。由于两个村子之间并不远，所以周某就抄了近道，但令周某没想到的是，平日里没什么人走的近道，竟然出现一辆面包车，并且速度还不慢，周某一个躲闪不及，就被撞进了旁边的水沟中。报警之后，交警认定面包车司机负主要责任，周某负次要责任。事后，周某去医院接受救治，但双方关于赔偿的问题，一直无法谈妥，最后只能走诉讼途径解决。周某是个地地道道的农民，他听说“打官司，就是打证据”，到了法院得举证。关于什么是举证？周某并无明确、具体的概念，因此，他致电我们的法律服务热线，咨询了相关事宜。

◎ 律师答疑

根据我国法律规定，当事人对自己提出的诉讼请求所依据的事实或者反驳对方诉讼请求所依据的事实有责任提供证据加以证明。没有证据或者证据不足以证明当事人的事实主张的，由负有举证责任的当事人承担不利后果。有证据证明一方当事人持有证据无正当理由拒不提供，如果对方当事人主张该证据的内容不利于证据持有人，可以推定该主张成立。据此可知，举证责任通俗点说就是“谁主张，谁举证”，如果不能举证，就有可能承担败诉的危险，此外，如果一方有证据证明，另一方手里拿着关键证据不予提供的话，对方将承担败诉的风险。

法条链接

《民事诉讼法》

第六十三条 证据包括：

（一）当事人的陈述；

（二）书证；

（三）物证；

（四）视听资料；

（五）电子数据；

（六）证人证言；

（七）鉴定意见；

（八）勘验笔录。

证据必须查证属实，才能作为认定事实的根据。

第六十五条 当事人对自己提出的主张应当及时提供证据。

人民法院根据当事人的主张和案件审理情况，确定当事人应当提供的证据及其期限。当事人在该期限内提供证据确有困难的，可以向人民法院申请延长期限，人民法院根据当事人的申请适当延长。当事人逾期提供证据的，人民法院应当责令其说明理由；拒不说明理由或者理由不成立的，人民法院根据不同情形可以不予采纳该证据，或者采纳该证据但予以训诫、罚款。

第八十一条 在证据可能灭失或者以后难以取得的情况下，当事人可以在诉讼过程中向人民法院申请保全证据，人民法院也可以主动采取保全措施。

因情况紧急，在证据可能灭失或者以后难以取得的情况下，利害关系人可以在提起诉讼或者申请仲裁前向证据所在地、被申请人住所地或者对案件有管辖权的人民法院申请保全证据。

证据保全的其他程序，参照适用本法第九章保全的有关规定。

《最高人民法院关于民事诉讼证据的若干规定》

第二条 当事人对自己提出的诉讼请求所依据的事实或者反驳对方诉讼请求所依据的事实有责任提供证据加以证明。

没有证据或者证据不足以证明当事人的事实主张的，由负有举证责任的当事人承担不利后果。

第八条 诉讼过程中，一方当事人对另一方当事人陈述的案件事实明确表示承认的，另一方当事人无需举证。但涉及身份关系的案件除外。

对一方当事人陈述的事实，另一方当事人既未表示承认也未否认，经审判人员充分说明并询问后，其仍不明确表示肯定或者否定的，视为对该项事实的承认。

当事人委托代理人参加诉讼的，代理人的承认视为当事人的承认。但未经特别授权的代理人对事实的承认直接导致承认对方诉讼请求的除外；当事人在场但对其代理人的承认不作否认表示的，视为当事人的承认。

当事人在法庭辩论终结前撤回承认并经对方当事人同意，或者有充分证据证明其承认行为是在受胁迫或者重大误解情况下作出且与事实不符的，不能免除对方当事人的举证责任。

第九条 下列事实，当事人无需举证证明：

（一）众所周知的事实；

（二）自然规律及定理；

（三）根据法律规定或者已知事实和日常生活经验法则，能推定出的另一事实；

（四）已为人民法院发生法律效力的裁判所确认的事实；

（五）已为仲裁机构的生效裁决所确认的事实；

（六）已为有效公证文书所证明的事实。

前款（一）、（三）、（四）、（五）、（六）项，当事人有相反证据足以推翻的除外。

第十七条 符合下列条件之一的，当事人及其诉讼代理人可以申请人民法院调查收集证据：

（一）申请调查收集的证据属于国家有关部门保存并须人民法院依职权调取的档案材料；

（二）涉及国家秘密、商业秘密、个人隐私的材料；

（三）当事人及其诉讼代理人确因客观原因不能自行收集的其他材料。

第十八条 当事人及其诉讼代理人申请人民法院调查收集证据，应当提交书面申请。申请书应当载明被调查人的姓名或者单位名称、住所地等基本情况、所要调查收集的证据的内容、需要由人民法院调查收集证据的原因及其要证明的事实。

第十九条 当事人及其诉讼代理人申请人民法院调查收集证据，不得迟于举证期限届满前七日。

人民法院对当事人及其诉讼代理人的申请不予准许的，应当向当事人或其诉讼代理人送达通知书。当事人及其诉讼代理人可以在收到通知书的次日起三日内向受理申请的人民法院书面申请复议一次。人民法院应当在收到复议申请之日起五日内作出答复。

第二十条 调查人员调查收集的书证可以是原件，也可以是经核对无误的副本或者复制件。是副本或者复制件的，应当在调查笔录中说明来源和取证情况。

第二十一条 调查人员调查收集的物证应当是原物。被调查人提供原物确有困难的，可以提供复制品或者照片。提供复制品或者照片的，应当在调查笔录中说明取证情况。

第二十二条 调查人员调查收集计算机数据或者录音、录像等视听资料的，应当要求被调查人提供有关资料的原始载体。提供原始载体确有困难的，可以提供复制件。提供复制件的，调查人员应当在调查笔录中说明其来源和制作经过。

第二十五条 当事人申请鉴定，应当在举证期限内提出。符合本规定第二十七条规定的情形，当事人申请重新鉴定的除外。

对需要鉴定的事项负有举证责任的当事人，在人民法院指定的期限内无正当理由不提出鉴定申请或者不预交鉴定费用或者拒不提供相关材料，致使对案件争议的事实无法通过鉴定结论予以认定的，应当对该事实承担举证不能的法律后果。

第二十六条 当事人申请鉴定经人民法院同意后，由双方当事人协商确定有鉴定资格的鉴定机构、鉴定人员？协商不成的由人民法院指定。

第二十七条 当事人对人民法院委托的鉴定部门作出的鉴定结论有异议申请重新鉴定，提出证据证明存在下列情形之一的人民法院应予准许：

（一）鉴定机构或者鉴定人员不具备相关的鉴定资格的；

（二）鉴定程序严重违法的；

（三）鉴定结论明显依据不足的；

（四）经过质证认定不能作为证据使用的其他情形。

对有缺陷的鉴定结论，可以通过补充鉴定、重新质证或者补充质证等方法解决的，不予重新鉴定。

第二十八条 一方当事人自行委托有关部门作出的鉴定结论，另一方当事人有证据足以反驳并申请重新鉴定的，人民法院应予准许。

第二十九条 审判人员对鉴定人出具的鉴定书，应当审查是否具有下列内容：

（一）委托人姓名或者名称、委托鉴定的内容；

（二）委托鉴定的材料；

（三）鉴定的依据及使用的科学技术手段；

（四）对鉴定过程的说明；

（五）明确的鉴定结论；

（六）对鉴定人鉴定资格的说明；

（七）鉴定人员及鉴定机构签名盖章。

第三十四条 当事人应当在举证期限内向人民法院提交证据材料，当事人在举证期限内不提交的，视为放弃举证权利。

对于当事人逾期提交的证据材料，人民法院审理时不组织质证。但对方当事人同意质证的除外。

当事人增加、变更诉讼请求或者提起反诉的，应当在举证期限届满前提出。

第三十五条 诉讼过程中，当事人主张的法律关系的性质或者民事行为的效力与人民法院根据案件事实作出的认定不一致的，不受本规定第三十四条规定的限制，人民法院应当告知当事人可以变更诉讼请求。

当事人变更诉讼请求的，人民法院应当重新指定举证期限。

第三十六条 当事人在举证期限内提交证据材料确有困难的，应当在举证期限内向人民法院申请延期举证，经人民法院准许，可以适当延长举证期限。当事人在延长的举证期限内提交证据材料仍有困难的，可以再次提出延期申请，是否准许由人民法院决定。

第三十七条 经当事人申请，人民法院可以组织当事人在开庭审理前交换证据。

人民法院对于证据较多或者复杂疑难的案件，应当组织当事人在答辩期届满后、开庭审理前交换证据。

第三十八条 交换证据的时间可以由当事人协商一致并经人民法院认可，也可以由人民法院指定。

人民法院组织当事人交换证据的，交换证据之日举证期限届满。当事人申请延期举证经人民法院准许的，证据交换日相应顺延。

第四十七条 证据应当在法庭上出示，由当事人质证。未经质证的证据，不能作为认定案件事实的依据。

当事人在证据交换过程中认可并记录在卷的证据，经审判人员在庭审中说明后，可以作为认定案件事实的依据。

第四十八条 涉及国家秘密、商业秘密和个人隐私或者法律规定的其他应当保密的证据，不得在开庭时公开质证。

第四十九条 对书证、物证、视听资料进行质证时，当事人有权要求出示证据的原件或者原物。但有下列情况之一的除外：

（一）出示原件或者原物确有困难并经人民法院准许出示复制件或者复制品的；

（二）原件或者原物已不存在，但有证据证明复制件、复制品与原件或原物一致的。

第五十条 质证时，当事人应当围绕证据的真实性、关联性、合法性，针对证据证明力有无以及证明力大小，进行质疑、说明与辩驳。

第五十一条 质证按下列顺序进行：

（一）原告出示证据，被告、第三人与原告进行质证；

（二）被告出示证据，原告、第三人与被告进行质证；

（三）第三人出示证据，原告、被告与第三人进行质证。

人民法院依照当事人申请调查收集的证据，作为提出申请的一方当事人提供的证据。

人民法院依照职权调查收集的证据应当在庭审时出示，听取当事人意见，并可就调查收集该证据的情况予以说明。

第五十二条 案件有两个以上独立的诉讼请求的，当事人可以逐个出示证据进行质证。

第五十三条 不能正确表达意志的人，不能作为证人。

待证事实与其年龄、智力状况或者精神健康状况相适应的无民事行为能力人和限制民事行为能力人，可以作为证人。

第五十四条 当事人申请证人出庭作证，应当在举证期限届满十日前提出，并经人民法院许可。

人民法院对当事人的申请予以准许的，应当在开庭审理前通知证人出庭作证，并告知其应当如实作证及作伪证的法律后果。

证人因出庭作证而支出的合理费用，由提供证人的一方当事人先行支付，由败诉一方当事人承担。

第五十五条 证人应当出庭作证，接受当事人的质询。

证人在人民法院组织双方当事人交换证据时出席陈述证言的，可视为出庭作证。

第五十六条 《民事诉讼法》第七十条规定的“证人确有困难不能

出庭”，是指有下列情形：

（一）年迈体弱或者行动不便无法出庭的；

（二）特殊岗位确实无法离开的；

（三）路途特别遥远，交通不便难以出庭的；

（四）因自然灾害等不可抗力的原因无法出庭的；

（五）其他无法出庭的特殊情况。

前款情形，经人民法院许可，证人可以提交书面证言或者视听资料或者通过双向视听传输技术手段作证。

第五十七条 出庭作证的证人应当客观陈述其亲身感知的事实。证人为聋哑人的，可以其他表达方式作证。

证人作证时，不得使用猜测、推断或者评论性的语言。

第五十八条 审判人员和当事人可以对证人进行询问。证人不得旁听法庭审理；询问证人时，其他证人不得在场。人民法院认为有必要的，可以让证人进行对质。

第七十五条 有证据证明一方当事人持有证据无正当理由拒不提供，如果对方当事人主张该证据的内容不利于证据持有人，可以推定该主张成立。

《最高人民法院关于适用〈中华人民共和国民事诉讼法〉的解释》

第一百一十七条 当事人申请证人出庭作证的，应当在举证期限届满前提出。

符合本解释第九十六条第一款规定情形的，人民法院可以依职权通知证人出庭作证。

未经人民法院通知，证人不得出庭作证，但双方当事人同意并经人民法院准许的除外。

第一百一十八条 民事诉讼法第七十四条规定的证人因履行出庭作证义务而支出的交通、住宿、就餐等必要费用，按照机关事业单位工作人员差旅费用和补贴标准计算；误工损失按照国家上年度职工日平均工资标准计算。

人民法院准许证人出庭作证申请的，应当通知申请人预缴证人出庭作证费用。

第一百一十九条 人民法院在证人出庭作证前应当告知其如实作证的义务以及作伪证的法律后果，并责令其签署保证书，但无民事行为能力人和限制民事行为能力人除外。

证人签署保证书适用本解释关于当事人签署保证书的规定。

第一百二十条 证人拒绝签署保证书的，不得作证，并自行承担相关费用。

第六章　附录

交通纠纷相关表格与范本

一、涉诉公司名称变更说明范本

公司名称变更说明

本公司因业务发展需要，经国家工商行政管理局审核，公司名称由原“××××有限公司”变更为“××××股份有限公司”，公司营业地址、联系方式不变，由此带来的不便请予谅解。

单位落款：

年　　月　　日

二、涉诉亲属关系证明范本

亲属关系证明（单位格式）

根据档案记载显示，兹证明我单位劳动者×××（甲）于××××年××月××日因（病）死亡，其配偶叫×××［健在或于××××年××月××日因（病）死亡］，其生前与×××共生有×个子女，分别为：×××、×××、×××、×××，再没有其他亲生子女、养子女、养父母及形成扶养关系的继子女、继父母。

死者×××（甲）的父亲、母亲均先于×××（甲）死亡（姓名、死亡时间、地点不详）。

单位（公章）：

年　　月　　日

亲属关系证明（社区格式）

兹证明我社区居民×××（甲）于××××年××月××日因（病）死亡，其配偶叫×××［健在或于××××年××月××日因（病）死亡］，其生前与×××共生有×个子女，分别为：×××、×××、×××、×××，再没有其他亲生子女、养子女、养父母及形成扶养关系的继子女、继父母。

死者×××（甲）的父亲、母亲均先于×××（甲）死亡（姓名、死亡时间、地点不详）。

社区（公章）：

街道（公章）：

年　　月　　日

三、机动车交通事故快速处理协议书范本

机动车交通事故快速处理协议书

交通事故发生时间	年 月 日 时 分		交通事故发生地点			
代码	姓名	机动车驾驶证号或居民身份证号	车辆牌号	保险公司	电话	保险公司报案号
甲						
乙						
丙						
事故情形	1. 逆行的□ 2. 追尾的□	3. 溜车的□	4. 倒车的□	5. 开关车门的□	6. 违反交通信号的□	7. 未按规定让行的□
	8. 负全责的其他情形□	情形描述：				
	9. 双方应负同等责任的□	情形描述：				
伤情及物损情况说明						
当事人责任	甲方负本起事故		乙方负本起事故		丙方负本起事故	
	1. 全部责任□ 2. 同等责任□ 3. 无责任□		1. 全部责任□ 2. 同等责任□ 3. 无责任□		1. 全部责任□ 2. 同等责任□ 3. 无责任□	
以上填写内容均为事实，如有不实，愿负法律责任。 甲签名：			乙签名：		丙签名：	
赔偿情况	自愿放弃保险索赔，自行解决协议如下： 甲签名：		乙签名：		丙签名：	

四、司法鉴定申请书范本

申请人：

申请事项：请求法院委托司法鉴定机构对申请人的伤残级别及护理期、营养期、休息期进行鉴定。

事实与理由：

________年____月____日____时许，在某某路附近，甲驾驶乙所有的牌号为 ××××× 的小轿车将驾驶电动自行车的申请人撞倒，造成申请人受伤。市公安局分局交通警察支队出具的道路交通事故认定书中认定甲负主要责任，申请人负次要责任。现甲等拒不赔偿对申请人造成的损失，申请人无奈向贵院起诉，现因申请人受伤，为了进一步明确诉讼请求，现依法申请贵院委托司法鉴定机构对申请人的伤残及三期进行司法鉴定，请批准。

此致

人民法院

申请人：

年　　月　　日

五、医疗事故技术鉴定申请书

医疗事故技术鉴定申请书范本

申请人：　　　　性别：　　　　出生年月：　　　　民族：

工作单位：　　　职业：　　　　住址：　　　　　　联系电话：

被申请人：　　　地址：　　　　联系电话：

法定代表人（负责人）：　　　　姓名：　　　　　　职务：

申请事项

申请对申请人与被申请人之间的医疗纠纷作医疗事故技术鉴定。

事实和理由

________年____月____日，申请人到被申请人处就诊，因（写明事实经过及要求申请作医疗事故技术鉴定的理由，可分两段写，第一段写事实，第二段写明理由）____________________。

此致

××县（区）卫生局

申请人：

年　　月　　日

附：证据材料

相关法条

中华人民共和国道路交通安全法

（2003年10月28日第十届全国人民代表大会常务委员会第五次会议通过　根据2007年12月29日第十届全国人民代表大会常务委员会第三十一次会议《关于修改〈中华人民共和国道路交通安全法〉的决定》第一次修正　根据2011年4月22日第十一届全国人民代表大会常务委员会第二十次会议《关于修改〈中华人民共和国道路交通安全法〉的决定》第二次修正）

第一章　总则

第一条　为了维护道路交通秩序，预防和减少交通事故，保护人身安全，保护公民、法人和其他组织的财产安全及其他合法权益，提高通行效率，制定本法。

第二条　中华人民共和国境内的车辆驾驶人、行人、乘车人以及与道路交通活动有关的单位和个人，都应当遵守本法。

第三条　道路交通安全工作，应当遵循依法管理、方便群众的原则，保障道路交通有序、安全、畅通。

第四条　各级人民政府应当保障道路交通安全管理工作与经济建设和社会发展相适应。

县级以上地方各级人民政府应当适应道路交通发展的需要，依据道路交通安全法律、法规和国家有关政策，制定道路交通安全管理规划，并组织实施。

第五条　国务院公安部门负责全国道路交通安全管理工作。县级以上地方各级人民政府公安机关交通管理部门负责本行政区域内的道路交通安全管理工作。

县级以上各级人民政府交通、建设管理部门依据各自职责，负责有关的道路交通工作。

第六条 各级人民政府应当经常进行道路交通安全教育，提高公民的道路交通安全意识。

公安机关交通管理部门及其交通警察执行职务时，应当加强道路交通安全法律、法规的宣传，并模范遵守道路交通安全法律、法规。

机关、部队、企业事业单位、社会团体以及其他组织，应当对本单位的人员进行道路交通安全教育。

教育行政部门、学校应当将道路交通安全教育纳入法制教育的内容。

新闻、出版、广播、电视等有关单位，有进行道路交通安全教育的义务。

第七条 对道路交通安全管理工作，应当加强科学研究，推广、使用先进的管理方法、技术、设备。

第二章 车辆和驾驶人

第一节 机动车、非机动车

第八条 国家对机动车实行登记制度。机动车经公安机关交通管理部门登记后，方可上道路行驶。尚未登记的机动车，需要临时上道路行驶的，应当取得临时通行牌证。

第九条 申请机动车登记，应当提交以下证明、凭证：

（一）机动车所有人的身份证明；

（二）机动车来历证明；

（三）机动车整车出厂合格证明或者进口机动车进口凭证；

（四）车辆购置税的完税证明或者免税凭证；

（五）法律、行政法规规定应当在机动车登记时提交的其他证明、凭证。

公安机关交通管理部门应当自受理申请之日起五个工作日内完成机动车登记审查工作，对符合前款规定条件的，应当发放机动车登记证书、号牌和行驶证；对不符合前款规定条件的，应当向申请人说明不予登记的理由。

公安机关交通管理部门以外的任何单位或者个人不得发放机动车号牌或者要求机动车悬挂其他号牌，本法另有规定的除外。

机动车登记证书、号牌、行驶证的式样由国务院公安部门规定并监制。

第十条 准予登记的机动车应当符合机动车国家安全技术标准。申请机动车登记时，应当接受对该机动车的安全技术检验。但是，经国家机动车产品主管部门依据机动车国家安全技术标准认定的企业生产的机动车型，该车型的新车在出厂时经检验符合机动车国家安全技术标准，获得检验合格证的，免予安全技术检验。

第十一条 驾驶机动车上道路行驶，应当悬挂机动车号牌，放置检验合格标志、保险标志，并随车携带机动车行驶证。

机动车号牌应当按照规定悬挂并保持清晰、完整，不得故意遮挡、污损。

任何单位和个人不得收缴、扣留机动车号牌。

第十二条 有下列情形之一的，应当办理相应的登记：

（一）机动车所有权发生转移的；

（二）机动车登记内容变更的；

（三）机动车用作抵押的；

（四）机动车报废的。

第十三条 对登记后上道路行驶的机动车，应当依照法律、行政法规的规定，根据车辆用途、载客载货数量、使用年限等不同情况，定期进行安全技术检验。对提供机动车行驶证和机动车第三者责任强制保险单的，机动车安全技术检验机构应当予以检验，任何单位不得附加其他条件。对符合机动车国家安全技术标准的，公安机关交通管理部门应当发给检验合格标志。

对机动车的安全技术检验实行社会化。具体办法由国务院规定。

机动车安全技术检验实行社会化的地方，任何单位不得要求机动车到指定的场所进行检验。

公安机关交通管理部门、机动车安全技术检验机构不得要求机动车到指定的场所进行维修、保养。

机动车安全技术检验机构对机动车检验收取费用，应当严格执行国务院价格主管部门核定的收费标准。

第十四条 国家实行机动车强制报废制度，根据机动车的安全技术状况和不同用途，规定不同的报废标准。

应当报废的机动车必须及时办理注销登记。

达到报废标准的机动车不得上道路行驶。报废的大型客、货车及其他营运车辆应当在公安机关交通管理部门的监督下解体。

第十五条 警车、消防车、救护车、工程救险车应当按照规定喷涂标志图案，安装警报器、标志灯具。其他机动车不得喷涂、安装、使用上述车辆专用的或者与其相类似的标志图案、警报器或者标志灯具。

警车、消防车、救护车、工程救险车应当严格按照规定的用途和条件使用。

公路监督检查的专用车辆，应当依照公路法的规定，设置统一的标志和示警灯。

第十六条 任何单位或者个人不得有下列行为：

（一）拼装机动车或者擅自改变机动车已登记的结构、构造或者特征；

（二）改变机动车型号、发动机号、车架号或者车辆识别代号；

（三）伪造、变造或者使用伪造、变造的机动车登记证书、号牌、行驶证、检验合格标志、保险标志；

（四）使用其他机动车的登记证书、号牌、行驶证、检验合格标志、保险标志。

第十七条 国家实行机动车第三者责任强制保险制度，设立道路交通事故社会救助基金。具体办法由国务院规定。

第十八条 依法应当登记的非机动车，经公安机关交通管理部门登记后，方可上道路行驶。

依法应当登记的非机动车的种类，由省、自治区、直辖市人民政府根据当地实际情况规定。

非机动车的外形尺寸、质量、制动器、车铃和夜间反光装置，应当符合非机动车安全技术标准。

第二节 机动车驾驶人

第十九条 驾驶机动车，应当依法取得机动车驾驶证。

申请机动车驾驶证，应当符合国务院公安部门规定的驾驶许可条件；经考试合格后，由公安机关交通管理部门发给相应类别的机动车驾驶证。

持有境外机动车驾驶证的人，符合国务院公安部门规定的驾驶许可条件，经公安机关交通管理部门考核合格的，可以发给中国的机动车驾驶证。

驾驶人应当按照驾驶证载明的准驾车型驾驶机动车；驾驶机动车时，应当随身携带机动车驾驶证。

公安机关交通管理部门以外的任何单位或者个人，不得收缴、扣留机动车驾驶证。

第二十条 机动车的驾驶培训实行社会化，由交通主管部门对驾驶培训学校、驾驶培训班实行资格管理，其中专门的拖拉机驾驶培训学校、驾驶培训班由农业（农业机械）主管部门实行资格管理。

驾驶培训学校、驾驶培训班应当严格按照国家有关规定，对学员进行道路交通安全法律、法规、驾驶技能的培训，确保培训质量。

任何国家机关以及驾驶培训和考试主管部门不得举办或者参与举办驾驶培训学校、驾驶培训班。

第二十一条 驾驶人驾驶机动车上道路行驶前，应当对机动车的安全技术性能进行认真检查；不得驾驶安全设施不全或者机件不符合技术标准等具有安全隐患的机动车。

第二十二条 机动车驾驶人应当遵守道路交通安全法律、法规的规定，按照操作规范安全驾驶、文明驾驶。

饮酒、服用国家管制的精神药品或者麻醉药品，或者患有妨碍安全驾驶机动车的疾病，或者过度疲劳影响安全驾驶的，不得驾驶机动车。

任何人不得强迫、指使、纵容驾驶人违反道路交通安全法律、法规和机动车安全驾驶要求驾驶机动车。

第二十三条 公安机关交通管理部门依照法律、行政法规的规定，定期对机动车驾驶证实施审验。

第二十四条 公安机关交通管理部门对机动车驾驶人违反道路交通安全法律、法规的行为，除依法给予行政处罚外，实行累积记分制度。公安机关交通管理部门对累积记分达到规定分值的机动车驾驶人，扣留机动车驾驶证，对其进行道路交通安全法律、法规教育，重新考试；考试合格的，发还其机动车驾驶证。

对遵守道路交通安全法律、法规，在一年内无累积记分的机动车驾驶人，可以延长机动车驾驶证的审验期。具体办法由国务院公安部门规定。

第三章　道路通行条件

第二十五条　全国实行统一的道路交通信号。

交通信号包括交通信号灯、交通标志、交通标线和交通警察的指挥。

交通信号灯、交通标志、交通标线的设置应当符合道路交通安全、畅通的要求和国家标准，并保持清晰、醒目、准确、完好。

根据通行需要，应当及时增设、调换、更新道路交通信号。增设、调换、更新限制性的道路交通信号，应当提前向社会公告，广泛进行宣传。

第二十六条　交通信号灯由红灯、绿灯、黄灯组成。红灯表示禁止通行，绿灯表示准许通行，黄灯表示警示。

第二十七条　铁路与道路平面交叉的道口，应当设置警示灯、警示标志或者安全防护设施。无人看守的铁路道口，应当在距道口一定距离处设置警示标志。

第二十八条　任何单位和个人不得擅自设置、移动、占用、损毁交通信号灯、交通标志、交通标线。

道路两侧及隔离带上种植的树木或者其他植物，设置的广告牌、管线等，应当与交通设施保持必要的距离，不得遮挡路灯、交通信号灯、交通标志，不得妨碍安全视距，不得影响通行。

第二十九条　道路、停车场和道路配套设施的规划、设计、建设，应当符合道路交通安全、畅通的要求，并根据交通需求及时调整。

公安机关交通管理部门发现已经投入使用的道路存在交通事故频发路段，或者停车场、道路配套设施存在交通安全严重隐患的，应当及时向当地人民政府报告，并提出防范交通事故、消除隐患的建议，当地人民政府应当及时作出处理决定。

第三十条　道路出现坍塌、坑漕、水毁、隆起等损毁或者交通信号灯、交通标志、交通标线等交通设施损毁、灭失的，道路、交通设施的养护部门或者管理部门应当设置警示标志并及时修复。

公安机关交通管理部门发现前款情形，危及交通安全，尚未设置警示标志的，应当及时采取安全措施，疏导交通，并通知道路、交通设施的养护部门或者管理部门。

第三十一条 未经许可，任何单位和个人不得占用道路从事非交通活动。

第三十二条 因工程建设需要占用、挖掘道路，或者跨越、穿越道路架设、增设管线设施，应当事先征得道路主管部门的同意；影响交通安全的，还应当征得公安机关交通管理部门的同意。

施工作业单位应当在经批准的路段和时间内施工作业，并在距离施工作业地点来车方向安全距离处设置明显的安全警示标志，采取防护措施；施工作业完毕，应当迅速清除道路上的障碍物，消除安全隐患，经道路主管部门和公安机关交通管理部门验收合格，符合通行要求后，方可恢复通行。

对未中断交通的施工作业道路，公安机关交通管理部门应当加强交通安全监督检查，维护道路交通秩序。

第三十三条 新建、改建、扩建的公共建筑、商业街区、居住区、大（中）型建筑等，应当配建、增建停车场；停车泊位不足的，应当及时改建或者扩建；投入使用的停车场不得擅自停止使用或者改作他用。

在城市道路范围内，在不影响行人、车辆通行的情况下，政府有关部门可以施划停车泊位。

第三十四条 学校、幼儿园、医院、养老院门前的道路没有行人过街设施的，应当施划人行横道线，设置提示标志。

城市主要道路的人行道，应当按照规划设置盲道。盲道的设置应当符合国家标准。

第四章　道路通行规定

第一节　一般规定

第三十五条　机动车、非机动车实行右侧通行。

第三十六条　根据道路条件和通行需要，道路划分为机动车道、非机动车道和人行道的，机动车、非机动车、行人实行分道通行。没有划分机动车道、非机动车道和人行道的，机动车在道路中间通行，非机动车和行人在道路两侧通行。

第三十七条　道路划设专用车道的，在专用车道内，只准许规定的车辆通行，其他车辆不得进入专用车道内行驶。

第三十八条　车辆、行人应当按照交通信号通行；遇有交通警察现场指挥时，应当按照交通警察的指挥通行；在没有交通信号的道路上，应当在确保安全、畅通的原则下通行。

第三十九条　公安机关交通管理部门根据道路和交通流量的具体情况，可以对机动车、非机动车、行人采取疏导、限制通行、禁止通行等措施。遇有大型群众性活动、大范围施工等情况，需要采取限制交通的措施，或者作出与公众的道路交通活动直接有关的决定，应当提前向社会公告。

第四十条　遇有自然灾害、恶劣气象条件或者重大交通事故等严重影响交通安全的情形，采取其他措施难以保证交通安全时，公安机关交通管理部门可以实行交通管制。

第四十一条　有关道路通行的其他具体规定，由国务院规定。

第二节　机动车通行规定

第四十二条　机动车上道路行驶，不得超过限速标志标明的最高时速。在没有限速标志的路段，应当保持安全车速。

夜间行驶或者在容易发生危险的路段行驶，以及遇有沙尘、冰雹、雨、雪、雾、结冰等气象条件时，应当降低行驶速度。

第四十三条 同车道行驶的机动车，后车应当与前车保持足以采取紧急制动措施的安全距离。有下列情形之一的，不得超车：

（一）前车正在左转弯、掉头、超车的；

（二）与对面来车有会车可能的；

（三）前车为执行紧急任务的警车、消防车、救护车、工程救险车的；

（四）行经铁路道口、交叉路口、窄桥、弯道、陡坡、隧道、人行横道、市区交通流量大的路段等没有超车条件的。

第四十四条 机动车通过交叉路口，应当按照交通信号灯、交通标志、交通标线或者交通警察的指挥通过；通过没有交通信号灯、交通标志、交通标线或者交通警察指挥的交叉路口时，应当减速慢行，并让行人和优先通行的车辆先行。

第四十五条 机动车遇有前方车辆停车排队等候或者缓慢行驶时，不得借道超车或者占用对面车道，不得穿插等候的车辆。

在车道减少的路段、路口，或者在没有交通信号灯、交通标志、交通标线或者交通警察指挥的交叉路口遇到停车排队等候或者缓慢行驶时，机动车应当依次交替通行。

第四十六条 机动车通过铁路道口时，应当按照交通信号或者管理人员的指挥通行；没有交通信号或者管理人员的，应当减速或者停车，在确认安全后通过。

第四十七条 机动车行经人行横道时，应当减速行驶；遇行人正在通过人行横道，应当停车让行。

机动车行经没有交通信号的道路时，遇行人横过道路，应当避让。

第四十八条 机动车载物应当符合核定的载质量，严禁超载；载物的长、宽、高不得违反装载要求，不得遗洒、飘散载运物。

机动车运载超限的不可解体的物品，影响交通安全的，应当按照公安机关交通管理部门指定的时间、路线、速度行驶，悬挂明显标志。在公路上运载超限的不可解体的物品，并应当依照公路法的规定执行。

机动车载运爆炸物品、易燃易爆化学物品以及剧毒、放射性等危险物品，应当经公安机关批准后，按指定的时间、路线、速度行驶，悬挂警示标志并采取必要的安全措施。

第四十九条 机动车载人不得超过核定的人数，客运机动车不得违反规定载货。

第五十条 禁止货运机动车载客。

货运机动车需要附载作业人员的，应当设置保护作业人员的安全措施。

第五十一条 机动车行驶时，驾驶人、乘坐人员应当按规定使用安全带，摩托车驾驶人及乘坐人员应当按规定戴安全头盔。

第五十二条 机动车在道路上发生故障，需要停车排除故障时，驾驶人应当立即开启危险报警闪光灯，将机动车移至不妨碍交通的地方停放；难以移动的，应当持续开启危险报警闪光灯，并在来车方向设置警告标志等措施扩大示警距离，必要时迅速报警。

第五十三条 警车、消防车、救护车、工程救险车执行紧急任务时，可以使用警报器、标志灯具；在确保安全的前提下，不受行驶路线、行驶方向、行驶速度和信号灯的限制，其他车辆和行人应当让行。

警车、消防车、救护车、工程救险车非执行紧急任务时，不得使用警报器、标志灯具，不享有前款规定的道路优先通行权。

第五十四条 道路养护车辆、工程作业车进行作业时，在不影响过往车辆通行的前提下，其行驶路线和方向不受交通标志、标线限制，过往车辆和人员应当注意避让。

洒水车、清扫车等机动车应当按照安全作业标准作业；在不影响其他车辆通行的情况下，可以不受车辆分道行驶的限制，但是不得逆向行驶。

第五十五条 高速公路、大中城市中心城区内的道路，禁止拖拉机通行。其他禁止拖拉机通行的道路，由省、自治区、直辖市人民政府根据当地实际情况规定。

在允许拖拉机通行的道路上，拖拉机可以从事货运，但是不得用于载人。

第五十六条 机动车应当在规定地点停放。禁止在人行道上停放机动车；但是，依照本法第三十三条规定施划的停车泊位除外。

在道路上临时停车的，不得妨碍其他车辆和行人通行。

第三节 非机动车通行规定

第五十七条 驾驶非机动车在道路上行驶应当遵守有关交通安全的规定。非机动车应当在非机动车道内行驶；在没有非机动车道的道路上，应当靠车行道的右侧行驶。

第五十八条 残疾人机动轮椅车、电动自行车在非机动车道内行驶时，最高时速不得超过十五公里。

第五十九条 非机动车应当在规定地点停放。未设停放地点的，非机动车停放不得妨碍其他车辆和行人通行。

第六十条 驾驭畜力车，应当使用驯服的牲畜；驾驭畜力车横过道路时，驾驭人应当下车牵引牲畜；驾驭人离开车辆时，应当拴系牲畜。

第四节 行人和乘车人通行规定

第六十一条 行人应当在人行道内行走，没有人行道的靠路边行走。

第六十二条 行人通过路口或者横过道路，应当走人行横道或者过街设施；通过有交通信号灯的人行横道，应当按照交通信号灯指示通行；通过没有交通信号灯、人行横道的路口，或者在没有过街设施的路段横过道路，应当在确认安全后通过。

第六十三条 行人不得跨越、倚坐道路隔离设施，不得扒车、强行拦车或者实施妨碍道路交通安全的其他行为。

第六十四条 学龄前儿童以及不能辨认或者不能控制自己行为的精神疾病患者、智力障碍者在道路上通行，应当由其监护人、监护人委托的人或者对其负有管理、保护职责的人带领。

盲人在道路上通行，应当使用盲杖或者采取其他导盲手段，车辆应当避让盲人。

第六十五条 行人通过铁路道口时，应当按照交通信号或者管理人员的指挥通行；没有交通信号和管理人员的，应当在确认无火车驶临后，迅速通过。

第六十六条 乘车人不得携带易燃易爆等危险物品，不得向车外抛洒物品，不得有影响驾驶人安全驾驶的行为。

第五节 高速公路的特别规定

第六十七条 行人、非机动车、拖拉机、轮式专用机械车、铰接式客车、全挂拖斗车以及其他设计最高时速低于七十公里的机动车，不得进入高速公路。高速公路限速标志标明的最高时速不得超过一百二十公里。

第六十八条 机动车在高速公路上发生故障时，应当依照本法第五十二条的有关规定办理；但是，警告标志应当设置在故障车来车方向一百五十米以外，车上人员应当迅速转移到右侧路肩上或者应急车道内，并且迅速报警。

机动车在高速公路上发生故障或者交通事故，无法正常行驶的，应当由救援车、清障车拖曳、牵引。

第六十九条 任何单位、个人不得在高速公路上拦截检查行驶的车辆，公安机关的人民警察依法执行紧急公务除外。

第五章　交通事故处理

第七十条　在道路上发生交通事故，车辆驾驶人应当立即停车，保护现场；造成人身伤亡的，车辆驾驶人应当立即抢救受伤人员，并迅速报告执勤的交通警察或者公安机关交通管理部门。因抢救受伤人员变动现场的，应当标明位置。乘车人、过往车辆驾驶人、过往行人应当予以协助。

在道路上发生交通事故，未造成人身伤亡，当事人对事实及成因无争议的，可以即行撤离现场，恢复交通，自行协商处理损害赔偿事宜；不即行撤离现场的，应当迅速报告执勤的交通警察或者公安机关交通管理部门。

在道路上发生交通事故，仅造成轻微财产损失，并且基本事实清楚的，当事人应当先撤离现场再进行协商处理。

第七十一条　车辆发生交通事故后逃逸的，事故现场目击人员和其他知情人员应当向公安机关交通管理部门或者交通警察举报。举报属实的，公安机关交通管理部门应当给予奖励。

第七十二条　公安机关交通管理部门接到交通事故报警后，应当立即派交通警察赶赴现场，先组织抢救受伤人员，并采取措施，尽快恢复交通。

交通警察应当对交通事故现场进行勘验、检查，收集证据；因收集证据的需要，可以扣留事故车辆，但是应当妥善保管，以备核查。

对当事人的生理、精神状况等专业性较强的检验，公安机关交通管理部门应当委托专门机构进行鉴定。鉴定结论应当由鉴定人签名。

第七十三条　公安机关交通管理部门应当根据交通事故现场勘验、检查、调查情况和有关的检验、鉴定结论，及时制作交通事故认定书，作为处理交通事故的证据。交通事故认定书应当载明交通事故的基本事实、成因和当事人的责任，并送达当事人。

第七十四条 对交通事故损害赔偿的争议，当事人可以请求公安机关交通管理部门调解，也可以直接向人民法院提起民事诉讼。

经公安机关交通管理部门调解，当事人未达成协议或者调解书生效后不履行的，当事人可以向人民法院提起民事诉讼。

第七十五条 医疗机构对交通事故中的受伤人员应当及时抢救，不得因抢救费用未及时支付而拖延救治。肇事车辆参加机动车第三者责任强制保险的，由保险公司在责任限额范围内支付抢救费用；抢救费用超过责任限额的，未参加机动车第三者责任强制保险或者肇事后逃逸的，由道路交通事故社会救助基金先行垫付部分或者全部抢救费用，道路交通事故社会救助基金管理机构有权向交通事故责任人追偿。

第七十六条 机动车发生交通事故造成人身伤亡、财产损失的，由保险公司在机动车第三者责任强制保险责任限额范围内予以赔偿；不足的部分，按照下列规定承担赔偿责任：

（一）机动车之间发生交通事故的，由有过错的一方承担赔偿责任；双方都有过错的，按照各自过错的比例分担责任。

（二）机动车与非机动车驾驶人、行人之间发生交通事故，非机动车驾驶人、行人没有过错的，由机动车一方承担赔偿责任；有证据证明非机动车驾驶人、行人有过错的，根据过错程度适当减轻机动车一方的赔偿责任；机动车一方没有过错的，承担不超过百分之十的赔偿责任。

交通事故的损失是由非机动车驾驶人、行人故意碰撞机动车造成的，机动车一方不承担赔偿责任。

第七十七条 车辆在道路以外通行时发生的事故，公安机关交通管理部门接到报案的，参照本法有关规定办理。

第六章 执法监督

第七十八条 公安机关交通管理部门应当加强对交通警察的管理，

提高交通警察的素质和管理道路交通的水平。

公安机关交通管理部门应当对交通警察进行法制和交通安全管理业务培训、考核。交通警察经考核不合格的，不得上岗执行职务。

第七十九条 公安机关交通管理部门及其交通警察实施道路交通安全管理，应当依据法定的职权和程序，简化办事手续，做到公正、严格、文明、高效。

第八十条 交通警察执行职务时，应当按照规定着装，佩带人民警察标志，持有人民警察证件，保持警容严整，举止端庄，指挥规范。

第八十一条 依照本法发放牌证等收取工本费，应当严格执行国务院价格主管部门核定的收费标准，并全部上缴国库。

第八十二条 公安机关交通管理部门依法实施罚款的行政处罚，应当依照有关法律、行政法规的规定，实施罚款决定与罚款收缴分离；收缴的罚款以及依法没收的违法所得，应当全部上缴国库。

第八十三条 交通警察调查处理道路交通安全违法行为和交通事故，有下列情形之一的，应当回避：

（一）是本案的当事人或者当事人的近亲属；

（二）本人或者其近亲属与本案有利害关系；

（三）与本案当事人有其他关系，可能影响案件的公正处理。

第八十四条 公安机关交通管理部门及其交通警察的行政执法活动，应当接受行政监察机关依法实施的监督。

公安机关督察部门应当对公安机关交通管理部门及其交通警察执行法律、法规和遵守纪律的情况依法进行监督。

上级公安机关交通管理部门应当对下级公安机关交通管理部门的执法活动进行监督。

第八十五条 公安机关交通管理部门及其交通警察执行职务，应当自觉接受社会和公民的监督。

任何单位和个人都有权对公安机关交通管理部门及其交通警察不

严格执法以及违法违纪行为进行检举、控告。收到检举、控告的机关，应当依据职责及时查处。

第八十六条 任何单位不得给公安机关交通管理部门下达或者变相下达罚款指标；公安机关交通管理部门不得以罚款数额作为考核交通警察的标准。

公安机关交通管理部门及其交通警察对超越法律、法规规定的指令，有权拒绝执行，并同时向上级机关报告。

第七章 法律责任

第八十七条 公安机关交通管理部门及其交通警察对道路交通安全违法行为，应当及时纠正。

公安机关交通管理部门及其交通警察应当依据事实和本法的有关规定对道路交通安全违法行为予以处罚。对于情节轻微，未影响道路通行的，指出违法行为，给予口头警告后放行。

第八十八条 对道路交通安全违法行为的处罚种类包括：警告、罚款、暂扣或者吊销机动车驾驶证、拘留。

第八十九条 行人、乘车人、非机动车驾驶人违反道路交通安全法律、法规关于道路通行规定的，处警告或者五元以上五十元以下罚款；非机动车驾驶人拒绝接受罚款处罚的，可以扣留其非机动车。

第九十条 机动车驾驶人违反道路交通安全法律、法规关于道路通行规定的，处警告或者二十元以上二百元以下罚款。本法另有规定的，依照规定处罚。

第九十一条 饮酒后驾驶机动车的，处暂扣六个月机动车驾驶证，并处一千元以上二千元以下罚款。因饮酒后驾驶机动车被处罚，再次饮酒后驾驶机动车的，处十日以下拘留，并处一千元以上二千元以下罚款，吊销机动车驾驶证。

醉酒驾驶机动车的，由公安机关交通管理部门约束至酒醒，吊销机动车驾驶证，依法追究刑事责任；五年内不得重新取得机动车驾驶证。

饮酒后驾驶营运机动车的，处十五日拘留，并处五千元罚款，吊销机动车驾驶证，五年内不得重新取得机动车驾驶证。

醉酒驾驶营运机动车的，由公安机关交通管理部门约束至酒醒，吊销机动车驾驶证，依法追究刑事责任；十年内不得重新取得机动车驾驶证，重新取得机动车驾驶证后，不得驾驶营运机动车。

饮酒后或者醉酒驾驶机动车发生重大交通事故，构成犯罪的，依法追究刑事责任，并由公安机关交通管理部门吊销机动车驾驶证，终生不得重新取得机动车驾驶证。

第九十二条 公路客运车辆载客超过额定乘员的，处二百元以上五百元以下罚款；超过额定乘员百分之二十或者违反规定载货的，处五百元以上二千元以下罚款。

货运机动车超过核定载质量的，处二百元以上五百元以下罚款；超过核定载质量百分之三十或者违反规定载客的，处五百元以上二千元以下罚款。

有前两款行为的，由公安机关交通管理部门扣留机动车至违法状态消除。

运输单位的车辆有本条第一款、第二款规定的情形，经处罚不改的，对直接负责的主管人员处二千元以上五千元以下罚款。

第九十三条 对违反道路交通安全法律、法规关于机动车停放、临时停车规定的，可以指出违法行为，并予以口头警告，令其立即驶离。

机动车驾驶人不在现场或者虽在现场但拒绝立即驶离，妨碍其他车辆、行人通行的，处二十元以上二百元以下罚款，并可以将该机动车拖移至不妨碍交通的地点或者公安机关交通管理部门指定的地点停放。公安机关交通管理部门拖车不得向当事人收取费用，并应当及时告知当事人停放地点。

因采取不正确的方法拖车造成机动车损坏的，应当依法承担补偿责任。

第九十四条 机动车安全技术检验机构实施机动车安全技术检验超过国务院价格主管部门核定的收费标准收取费用的，退还多收取的费用，并由价格主管部门依照《中华人民共和国价格法》的有关规定给予处罚。

机动车安全技术检验机构不按照机动车国家安全技术标准进行检验，出具虚假检验结果的，由公安机关交通管理部门处所收检验费用五倍以上十倍以下罚款，并依法撤销其检验资格；构成犯罪的，依法追究刑事责任。

第九十五条 上道路行驶的机动车未悬挂机动车号牌，未放置检验合格标志、保险标志，或者未随车携带行驶证、驾驶证的，公安机关交通管理部门应当扣留机动车，通知当事人提供相应的牌证、标志或者补办相应手续，并可以依照本法第九十条的规定予以处罚。当事人提供相应的牌证、标志或者补办相应手续的，应当及时退还机动车。

故意遮挡、污损或者不按规定安装机动车号牌的，依照本法第九十条的规定予以处罚。

第九十六条 伪造、变造或者使用伪造、变造的机动车登记证书、号牌、行驶证、驾驶证的，由公安机关交通管理部门予以收缴，扣留该机动车，处十五日以下拘留，并处二千元以上五千元以下罚款；构成犯罪的，依法追究刑事责任。

伪造、变造或者使用伪造、变造的检验合格标志、保险标志的，由公安机关交通管理部门予以收缴，扣留该机动车，处十日以下拘留，并处一千元以上三千元以下罚款；构成犯罪的，依法追究刑事责任。

使用其他车辆的机动车登记证书、号牌、行驶证、检验合格标志、保险标志的，由公安机关交通管理部门予以收缴，扣留该机动车，处二千元以上五千元以下罚款。

当事人提供相应的合法证明或者补办相应手续的，应当及时退还机动车。

第九十七条 非法安装警报器、标志灯具的，由公安机关交通管理部门强制拆除，予以收缴，并处二百元以上二千元以下罚款。

第九十八条 机动车所有人、管理人未按照国家规定投保机动车第三者责任强制保险的，由公安机关交通管理部门扣留车辆至依照规定投保后，并处依照规定投保最低责任限额应缴纳的保险费的二倍罚款。

依照前款缴纳的罚款全部纳入道路交通事故社会救助基金。具体办法由国务院规定。

第九十九条 有下列行为之一的，由公安机关交通管理部门处二百元以上二千元以下罚款：

（一）未取得机动车驾驶证、机动车驾驶证被吊销或者机动车驾驶证被暂扣期间驾驶机动车的；

（二）将机动车交由未取得机动车驾驶证或者机动车驾驶证被吊销、暂扣的人驾驶的；

（三）造成交通事故后逃逸，尚不构成犯罪的；

（四）机动车行驶超过规定时速百分之五十的；

（五）强迫机动车驾驶人违反道路交通安全法律、法规和机动车安全驾驶要求驾驶机动车，造成交通事故，尚不构成犯罪的；

（六）违反交通管制的规定强行通行，不听劝阻的；

（七）故意损毁、移动、涂改交通设施，造成危害后果，尚不构成犯罪的；

（八）非法拦截、扣留机动车辆，不听劝阻，造成交通严重阻塞或者较大财产损失的。

行为人有前款第二项、第四项情形之一的，可以并处吊销机动车驾驶证；有第一项、第三项、第五项至第八项情形之一的，可以并处十五日以下拘留。

第一百条 驾驶拼装的机动车或者已达到报废标准的机动车上道路行驶的，公安机关交通管理部门应当予以收缴，强制报废。

对驾驶前款所列机动车上道路行驶的驾驶人，处二百元以上二千元以下罚款，并吊销机动车驾驶证。

出售已达到报废标准的机动车的，没收违法所得，处销售金额等额的罚款，对该机动车依照本条第一款的规定处理。

第一百零一条 违反道路交通安全法律、法规的规定，发生重大交通事故，构成犯罪的，依法追究刑事责任，并由公安机关交通管理部门吊销机动车驾驶证。

造成交通事故后逃逸的，由公安机关交通管理部门吊销机动车驾驶证，且终生不得重新取得机动车驾驶证。

第一百零二条 对六个月内发生二次以上特大交通事故负有主要责任或者全部责任的专业运输单位，由公安机关交通管理部门责令消除安全隐患，未消除安全隐患的机动车，禁止上道路行驶。

第一百零三条 国家机动车产品主管部门未按照机动车国家安全技术标准严格审查，许可不合格机动车型投入生产的，对负有责任的主管人员和其他直接责任人员给予降级或者撤职的行政处分。

机动车生产企业经国家机动车产品主管部门许可生产的机动车型，不执行机动车国家安全技术标准或者不严格进行机动车成品质量检验，致使质量不合格的机动车出厂销售的，由质量技术监督部门依照《中华人民共和国产品质量法》的有关规定给予处罚。

擅自生产、销售未经国家机动车产品主管部门许可生产的机动车型的，没收非法生产、销售的机动车成品及配件，可以并处非法产品价值三倍以上五倍以下罚款；有营业执照的，由工商行政管理部门吊销营业执照，没有营业执照的，予以查封。

生产、销售拼装的机动车或者生产、销售擅自改装的机动车的，依照本条第三款的规定处罚。

有本条第二款、第三款、第四款所列违法行为，生产或者销售不符合机动车国家安全技术标准的机动车，构成犯罪的，依法追究刑事责任。

第一百零四条 未经批准，擅自挖掘道路、占用道路施工或者从事其他影响道路交通安全活动的，由道路主管部门责令停止违法行为，并恢复原状，可以依法给予罚款；致使通行的人员、车辆及其他财产遭受损失的，依法承担赔偿责任。

有前款行为，影响道路交通安全活动的，公安机关交通管理部门可以责令停止违法行为，迅速恢复交通。

第一百零五条 道路施工作业或者道路出现损毁，未及时设置警示标志、未采取防护措施，或者应当设置交通信号灯、交通标志、交通标线而没有设置或者应当及时变更交通信号灯、交通标志、交通标线而没有及时变更，致使通行的人员、车辆及其他财产遭受损失的，负有相关职责的单位应当依法承担赔偿责任。

第一百零六条 在道路两侧及隔离带上种植树木、其他植物或者设置广告牌、管线等，遮挡路灯、交通信号灯、交通标志，妨碍安全视距的，由公安机关交通管理部门责令行为人排除妨碍；拒不执行的，处二百元以上二千元以下罚款，并强制排除妨碍，所需费用由行为人负担。

第一百零七条 对道路交通违法行为人予以警告、二百元以下罚款，交通警察可以当场作出行政处罚决定，并出具行政处罚决定书。

行政处罚决定书应当载明当事人的违法事实、行政处罚的依据、处罚内容、时间、地点以及处罚机关名称，并由执法人员签名或者盖章。

第一百零八条 当事人应当自收到罚款的行政处罚决定书之日起十五日内，到指定的银行缴纳罚款。

对行人、乘车人和非机动车驾驶人的罚款，当事人无异议的，可以当场予以收缴罚款。

罚款应当开具省、自治区、直辖市财政部门统一制发的罚款收据；不出具财政部门统一制发的罚款收据的，当事人有权拒绝缴纳罚款。

第一百零九条 当事人逾期不履行行政处罚决定的，作出行政处罚决定的行政机关可以采取下列措施：

（一）到期不缴纳罚款的，每日按罚款数额的百分之三加处罚款；

（二）申请人民法院强制执行。

第一百一十条 执行职务的交通警察认为应当对道路交通违法行为人给予暂扣或者吊销机动车驾驶证处罚的，可以先予扣留机动车驾驶证，并在二十四小时内将案件移交公安机关交通管理部门处理。

道路交通违法行为人应当在十五日内到公安机关交通管理部门接受处理。无正当理由逾期未接受处理的，吊销机动车驾驶证。

公安机关交通管理部门暂扣或者吊销机动车驾驶证的，应当出具行政处罚决定书。

第一百一十一条 对违反本法规定予以拘留的行政处罚，由县、市公安局、公安分局或者相当于县一级的公安机关裁决。

第一百一十二条 公安机关交通管理部门扣留机动车、非机动车，应当当场出具凭证，并告知当事人在规定期限内到公安机关交通管理部门接受处理。

公安机关交通管理部门对被扣留的车辆应当妥善保管，不得使用。

逾期不来接受处理，并且经公告三个月仍不来接受处理的，对扣留的车辆依法处理。

第一百一十三条 暂扣机动车驾驶证的期限从处罚决定生效之日起计算；处罚决定生效前先予扣留机动车驾驶证的，扣留一日折抵暂扣期限一日。

吊销机动车驾驶证后重新申请领取机动车驾驶证的期限，按照机动车驾驶证管理规定办理。

第一百一十四条 公安机关交通管理部门根据交通技术监控记录资料，可以对违法的机动车所有人或者管理人依法予以处罚。对能够确定驾驶人的，可以依照本法的规定依法予以处罚。

第一百一十五条 交通警察有下列行为之一的，依法给予行政处分：

（一）为不符合法定条件的机动车发放机动车登记证书、号牌、行驶证、检验合格标志的；

（二）批准不符合法定条件的机动车安装、使用警车、消防车、救护车、工程救险车的警报器、标志灯具，喷涂标志图案的；

（三）为不符合驾驶许可条件、未经考试或者考试不合格人员发放机动车驾驶证的；

（四）不执行罚款决定与罚款收缴分离制度或者不按规定将依法收取的费用、收缴的罚款及没收的违法所得全部上缴国库的；

（五）举办或者参与举办驾驶学校或者驾驶培训班、机动车修理厂或者收费停车场等经营活动的；

（六）利用职务上的便利收受他人财物或者谋取其他利益的；

（七）违法扣留车辆、机动车行驶证、驾驶证、车辆号牌的；

（八）使用依法扣留的车辆的；

（九）当场收取罚款不开具罚款收据或者不如实填写罚款额的；

（十）徇私舞弊，不公正处理交通事故的；

（十一）故意刁难，拖延办理机动车牌证的；

（十二）非执行紧急任务时使用警报器、标志灯具的；

（十三）违反规定拦截、检查正常行驶的车辆的；

（十四）非执行紧急公务时拦截搭乘机动车的；

（十五）不履行法定职责的。

公安机关交通管理部门有前款所列行为之一的，对直接负责的主管人员和其他直接责任人员给予相应的行政处分。

第一百一十六条 依照本法第一百一十五条的规定，给予交通警察行政处分的，在作出行政处分决定前，可以停止其执行职务；必要时，可以予以禁闭。

依照本法第一百一十五条的规定，交通警察受到降级或者撤职行政处分的，可以予以辞退。

交通警察受到开除处分或者被辞退的，应当取消警衔；受到撤职以下行政处分的交通警察，应当降低警衔。

第一百一十七条 交通警察利用职权非法占有公共财物，索取、收受贿赂，或者滥用职权、玩忽职守，构成犯罪的，依法追究刑事责任。

第一百一十八条 公安机关交通管理部门及其交通警察有本法第一百一十五条所列行为之一，给当事人造成损失的，应当依法承担赔偿责任。

第八章 附则

第一百一十九条 本法中下列用语的含义：

（一）“道路”，是指公路、城市道路和虽在单位管辖范围但允许社会机动车通行的地方，包括广场、公共停车场等用于公众通行的场所。

（二）“车辆”，是指机动车和非机动车。

（三）“机动车”，是指以动力装置驱动或者牵引，上道路行驶的供人员乘用或者用于运送物品以及进行工程专项作业的轮式车辆。

（四）“非机动车”，是指以人力或者畜力驱动，上道路行驶的交通工具，以及虽有动力装置驱动但设计最高时速、空车质量、外形尺寸符合有关国家标准的残疾人机动轮椅车、电动自行车等交通工具。

（五）“交通事故”，是指车辆在道路上因过错或者意外造成的人身伤亡或者财产损失的事件。

第一百二十条 中国人民解放军和中国人民武装警察部队在编机动车牌证、在编机动车检验以及机动车驾驶人考核工作，由中国人民解放军、中国人民武装警察部队有关部门负责。

第一百二十一条 对上道路行驶的拖拉机，由农业（农业机械）主管部门行使本法第八条、第九条、第十三条、第十九条、第二十三条规定的公安机关交通管理部门的管理职权。

农业（农业机械）主管部门依照前款规定行使职权，应当遵守本法有关规定，并接受公安机关交通管理部门的监督；对违反规定的，依照本法有关规定追究法律责任。

本法施行前由农业（农业机械）主管部门发放的机动车牌证，在本法施行后继续有效。

第一百二十二条 国家对入境的境外机动车的道路交通安全实施统一管理。

第一百二十三条 省、自治区、直辖市人民代表大会常务委员会可以根据本地区的实际情况，在本法规定的罚款幅度内，规定具体的执行标准。

第一百二十四条 本法自 2004 年 5 月 1 日起施行。

中华人民共和国道路交通安全法实施条例

（2004 年 4 月 28 日国务院第 49 次常务会议通过 2004 年 4 月 30 日中华人民共和国国务院令第 405 号公布 自 2004 年 5 月 1 日起施行）

第一章 总则

第一条 根据《中华人民共和国道路交通安全法》（以下简称道路交通安全法）的规定，制定本条例。

第二条 中华人民共和国境内的车辆驾驶人、行人、乘车人以及与道路交通活动有关的单位和个人，应当遵守道路交通安全法和本条例。

第三条 县级以上地方各级人民政府应当建立、健全道路交通安全工作协调机制，组织有关部门对城市建设项目进行交通影响评价，制定道路交通安全管理规划，确定管理目标，制定实施方案。

第二章 车辆和驾驶人

第一节 机动车

第四条 机动车的登记，分为注册登记、变更登记、转移登记、抵押登记和注销登记。

第五条 初次申领机动车号牌、行驶证的，应当向机动车所有人住所地的公安机关交通管理部门申请注册登记。申请机动车注册登记，应当交验机动车，并提交以下证明、凭证：

（一）机动车所有人的身份证明；

（二）购车发票等机动车来历证明；

（三）机动车整车出厂合格证明或者进口机动车进口凭证；

（四）车辆购置税完税证明或者免税凭证；

（五）机动车第三者责任强制保险凭证；

（六）法律、行政法规规定应当在机动车注册登记时提交的其他证明、凭证。

不属于国务院机动车产品主管部门规定免予安全技术检验的车型的，还应当提供机动车安全技术检验合格证明。

第六条 已注册登记的机动车有下列情形之一的，机动车所有人应当向登记该机动车的公安机关交通管理部门申请变更登记：

（一）改变机动车车身颜色的；

（二）更换发动机的；

（三）更换车身或者车架的；

（四）因质量有问题，制造厂更换整车的；

（五）营运机动车改为非营运机动车或者非营运机动车改为营运机动车的；

（六）机动车所有人的住所迁出或者迁入公安机关交通管理部门管辖区域的。

申请机动车变更登记，应当提交下列证明、凭证，属于前款第（一）项、第（二）项、第（三）项、第（四）项、第（五）项情形之一的，还应当交验机动车；属于前款第（二）项、第（三）项情形之一的，还应当同时提交机动车安全技术检验合格证明：

（一）机动车所有人的身份证明；

（二）机动车登记证书；

（三）机动车行驶证。

机动车所有人的住所在公安机关交通管理部门管辖区域内迁移、机动车所有人的姓名（单位名称）或者联系方式变更的，应当向登记该机动车的公安机关交通管理部门备案。

第七条 已注册登记的机动车所有权发生转移的，应当及时办理转移登记。

申请机动车转移登记，当事人应当向登记该机动车的公安机关交通管理部门交验机动车，并提交以下证明、凭证：

（一）当事人的身份证明；

（二）机动车所有权转移的证明、凭证；

（三）机动车登记证书；

（四）机动车行驶证。

第八条 机动车所有人将机动车作为抵押物抵押的，机动车所有人应当向登记该机动车的公安机关交通管理部门申请抵押登记。

第九条 已注册登记的机动车达到国家规定的强制报废标准的，公安机关交通管理部门应当在报废期满的 2 个月前通知机动车所有人办理注销登记。机动车所有人应当在报废期满前将机动车交售给机动车回收企业，由机动车回收企业将报废的机动车登记证书、号牌、行驶证交公安机关交通管理部门注销。机动车所有人逾期不办理注销登记的，公安机关交通管理部门应当公告该机动车登记证书、号牌、行驶证作废。

因机动车灭失申请注销登记的，机动车所有人应当向公安机关交通管理部门提交本人身份证明，交回机动车登记证书。

第十条 办理机动车登记的申请人提交的证明、凭证齐全、有效的，公安机关交通管理部门应当当场办理登记手续。

人民法院、人民检察院以及行政执法部门依法查封、扣押的机动车，公安机关交通管理部门不予办理机动车登记。

第十一条 机动车登记证书、号牌、行驶证丢失或者损毁，机动车所有人申请补发的，应当向公安机关交通管理部门提交本人身份证明和申请材料。公安机关交通管理部门经与机动车登记档案核实后，在收到申请之日起 15 日内补发。

第十二条 税务部门、保险机构可以在公安机关交通管理部门的办公场所集中办理与机动车有关的税费缴纳、保险合同订立等事项。

第十三条 机动车号牌应当悬挂在车前、车后指定位置，保持清晰、完整。重型、中型载货汽车及其挂车、拖拉机及其挂车的车身或者车厢后部应当喷涂放大的牌号，字样应当端正并保持清晰。

机动车检验合格标志、保险标志应当粘贴在机动车前窗右上角。

机动车喷涂、粘贴标识或者车身广告的，不得影响安全驾驶。

第十四条 用于公路营运的载客汽车、重型载货汽车、半挂牵引车应当安装、使用符合国家标准的行驶记录仪。交通警察可以对机动车行驶速度、连续驾驶时间以及其他行驶状态信息进行检查。安装行驶记录仪可以分步实施，实施步骤由国务院机动车产品主管部门会同有关部门规定。

第十五条 机动车安全技术检验由机动车安全技术检验机构实施。

机动车安全技术检验机构应当按照国家机动车安全技术检验标准对机动车进行检验，对检验结果承担法律责任。

质量技术监督部门负责对机动车安全技术检验机构实行资格管理和计量认证管理，对机动车安全技术检验设备进行检定，对执行国家机动车安全技术检验标准的情况进行监督。

机动车安全技术检验项目由国务院公安部门会同国务院质量技术监督部门规定。

第十六条 机动车应当从注册登记之日起，按照下列期限进行安全技术检验：

（一）营运载客汽车 5 年以内每年检验 1 次；超过 5 年的，每 6 个月检验 1 次；

（二）载货汽车和大型、中型非营运载客汽车 10 年以内每年检验 1 次；超过 10 年的，每 6 个月检验 1 次；

（三）小型、微型非营运载客汽车 6 年以内每 2 年检验 1 次；超过 6 年的，每年检验 1 次；超过 15 年的，每 6 个月检验 1 次；

（四）摩托车 4 年以内每 2 年检验 1 次；超过 4 年的，每年检验 1 次；

（五）拖拉机和其他机动车每年检验 1 次。

营运机动车在规定检验期限内经安全技术检验合格的，不再重复进行安全技术检验。

第十七条 已注册登记的机动车进行安全技术检验时，机动车行驶证记载的登记内容与该机动车的有关情况不符，或者未按照规定提供机动车第三者责任强制保险凭证的，不予通过检验。

第十八条 警车、消防车、救护车、工程救险车标志图案的喷涂以及警报器、标志灯具的安装、使用规定，由国务院公安部门制定。

第二节 机动车驾驶人

第十九条 符合国务院公安部门规定的驾驶许可条件的人，可以向公安机关交通管理部门申请机动车驾驶证。

机动车驾驶证由国务院公安部门规定式样并监制。

第二十条 学习机动车驾驶，应当先学习道路交通安全法律、法规和相关知识，考试合格后，再学习机动车驾驶技能。

在道路上学习驾驶，应当按照公安机关交通管理部门指定的路线、时间进行。在道路上学习机动车驾驶技能应当使用教练车，在教练员随车指导下进行，与教学无关的人员不得乘坐教练车。学员在学习驾驶中有道路交通安全违法行为或者造成交通事故的，由教练员承担责任。

第二十一条 公安机关交通管理部门应当对申请机动车驾驶证的人进行考试，对考试合格的，在5日内核发机动车驾驶证；对考试不合格的，书面说明理由。

第二十二条 机动车驾驶证的有效期为6年，本条例另有规定的除外。

机动车驾驶人初次申领机动车驾驶证后的12个月为实习期。在实习期内驾驶机动车的，应当在车身后部粘贴或者悬挂统一式样的实习标志。

机动车驾驶人在实习期内不得驾驶公共汽车、营运客车或者执行任务的警车、消防车、救护车、工程救险车以及载有爆炸物品、易燃易爆化学物品、剧毒或者放射性等危险物品的机动车；驾驶的机动车不得牵引挂车。

第二十三条 公安机关交通管理部门对机动车驾驶人的道路交通安全违法行为除给予行政处罚外，实行道路交通安全违法行为累积记分（以下简称记分）制度，记分周期为12个月。对在一个记分周期内记分达到12分的，由公安机关交通管理部门扣留其机动车驾驶证，该机动车驾驶人应当按照规定参加道路交通安全法律、法规的学习并接受考试。考试合格的，记分予以清除，发还机动车驾驶证；考试不合格的，继续参加学习和考试。

应当给予记分的道路交通安全违法行为及其分值，由国务院公安部门根据道路交通安全违法行为的危害程度规定。

公安机关交通管理部门应当提供记分查询方式供机动车驾驶人查询。

第二十四条 机动车驾驶人在一个记分周期内记分未达到12分，所处罚款已经缴纳的，记分予以清除；记分虽未达到12分，但尚有罚款未缴纳的，记分转入下一记分周期。

机动车驾驶人在一个记分周期内记分2次以上达到12分的，除按照第二十三条的规定扣留机动车驾驶证、参加学习、接受考试外，还应当接受驾驶技能考试。考试合格的，记分予以清除，发还机动车驾驶证；考试不合格的，继续参加学习和考试。

接受驾驶技能考试的，按照本人机动车驾驶证载明的最高准驾车型考试。

第二十五条 机动车驾驶人记分达到12分，拒不参加公安机关交通管理部门通知的学习，也不接受考试的，由公安机关交通管理部门公告其机动车驾驶证停止使用。

第二十六条 机动车驾驶人在机动车驾驶证的6年有效期内，每个记分周期均未达到12分的，换发10年有效期的机动车驾驶证；在机动车驾驶证的10年有效期内，每个记分周期均未达到12分的，换发长期有效的机动车驾驶证。

换发机动车驾驶证时，公安机关交通管理部门应当对机动车驾驶证进行审验。

第二十七条 机动车驾驶证丢失、损毁，机动车驾驶人申请补发的，应当向公安机关交通管理部门提交本人身份证明和申请材料。公安机关交通管理部门经与机动车驾驶证档案核实后，在收到申请之日起3日内补发。

第二十八条 机动车驾驶人在机动车驾驶证丢失、损毁、超过有效期或者被依法扣留、暂扣期间以及记分达到12分的，不得驾驶机动车。

第三章　道路通行条件

第二十九条　交通信号灯分为：机动车信号灯、非机动车信号灯、人行横道信号灯、车道信号灯、方向指示信号灯、闪光警告信号灯、道路与铁路平面交叉道口信号灯。

第三十条　交通标志分为：指示标志、警告标志、禁令标志、指路标志、旅游区标志、道路施工安全标志和辅助标志。

道路交通标线分为：指示标线、警告标线、禁止标线。

第三十一条　交通警察的指挥分为：手势信号和使用器具的交通指挥信号。

第三十二条　道路交叉路口和行人横过道路较为集中的路段应当设置人行横道、过街天桥或者过街地下通道。

在盲人通行较为集中的路段，人行横道信号灯应当设置声响提示装置。

第三十三条　城市人民政府有关部门可以在不影响行人、车辆通行的情况下，在城市道路上施划停车泊位，并规定停车泊位的使用时间。

第三十四条　开辟或者调整公共汽车、长途汽车的行驶路线或者车站，应当符合交通规划和安全、畅通的要求。

第三十五条　道路养护施工单位在道路上进行养护、维修时，应当按照规定设置规范的安全警示标志和安全防护设施。道路养护施工作业车辆、机械应当安装示警灯，喷涂明显的标志图案，作业时应当开启示警灯和危险报警闪光灯。对未中断交通的施工作业道路，公安机关交通管理部门应当加强交通安全监督检查。发生交通阻塞时，及时做好分流、疏导，维护交通秩序。

道路施工需要车辆绕行的，施工单位应当在绕行处设置标志；不能绕行的，应当修建临时通道，保证车辆和行人通行。需要封闭道路中断交通的，除紧急情况外，应当提前 5 日向社会公告。

第三十六条 道路或者交通设施养护部门、管理部门应当在急弯、陡坡、临崖、临水等危险路段，按照国家标准设置警告标志和安全防护设施。

第三十七条 道路交通标志、标线不规范，机动车驾驶人容易发生辨认错误的，交通标志、标线的主管部门应当及时予以改善。

道路照明设施应当符合道路建设技术规范，保持照明功能完好。

第四章 道路通行规定

第一节 一般规定

第三十八条 机动车信号灯和非机动车信号灯表示：

（一）绿灯亮时，准许车辆通行，但转弯的车辆不得妨碍被放行的直行车辆、行人通行；

（二）黄灯亮时，已越过停止线的车辆可以继续通行；

（三）红灯亮时，禁止车辆通行。

在未设置非机动车信号灯和人行横道信号灯的路口，非机动车和行人应当按照机动车信号灯的表示通行。

红灯亮时，右转弯的车辆在不妨碍被放行的车辆、行人通行的情况下，可以通行。

第三十九条 人行横道信号灯表示：

（一）绿灯亮时，准许行人通过人行横道；

（二）红灯亮时，禁止行人进入人行横道，但是已经进入人行横道的，可以继续通过或者在道路中心线处停留等候。

第四十条 车道信号灯表示：

（一）绿色箭头灯亮时，准许本车道车辆按指示方向通行；

（二）红色叉形灯或者箭头灯亮时，禁止本车道车辆通行。

第四十一条 方向指示信号灯的箭头方向向左、向上、向右分别表示左转、直行、右转。

第四十二条 闪光警告信号灯为持续闪烁的黄灯，提示车辆、行人通行时注意瞭望，确认安全后通过。

第四十三条 道路与铁路平面交叉道口有两个红灯交替闪烁或者一个红灯亮时，表示禁止车辆、行人通行；红灯熄灭时，表示允许车辆、行人通行。

第二节 机动车通行规定

第四十四条 在道路同方向划有2条以上机动车道的，左侧为快速车道，右侧为慢速车道。在快速车道行驶的机动车应当按照快速车道规定的速度行驶，未达到快速车道规定的行驶速度的，应当在慢速车道行驶。摩托车应当在最右侧车道行驶。有交通标志标明行驶速度的，按照标明的行驶速度行驶。慢速车道内的机动车超越前车时，可以借用快速车道行驶。

在道路同方向划有2条以上机动车道的，变更车道的机动车不得影响相关车道内行驶的机动车的正常行驶。

第四十五条 机动车在道路上行驶不得超过限速标志、标线标明的速度。在没有限速标志、标线的道路上，机动车不得超过下列最高行驶速度：

（一）没有道路中心线的道路，城市道路为每小时30公里，公路为每小时40公里；

（二）同方向只有1条机动车道的道路，城市道路为每小时50公里，公路为每小时70公里。

第四十六条 机动车行驶中遇有下列情形之一的，最高行驶速度不得超过每小时30公里，其中拖拉机、电瓶车、轮式专用机械车不得超过每小时15公里：

（一）进出非机动车道，通过铁路道口、急弯路、窄路、窄桥时；

（二）掉头、转弯、下陡坡时；

（三）遇雾、雨、雪、沙尘、冰雹，能见度在50米以内时；

（四）在冰雪、泥泞的道路上行驶时；

（五）牵引发生故障的机动车时。

第四十七条 机动车超车时，应当提前开启左转向灯、变换使用远、近光灯或者鸣喇叭。在没有道路中心线或者同方向只有1条机动车道的道路上，前车遇后车发出超车信号时，在条件许可的情况下，应当降低速度、靠右让路。后车应当在确认有充足的安全距离后，从前车的左侧超越，在与被超车辆拉开必要的安全距离后，开启右转向灯，驶回原车道。

第四十八条 在没有中心隔离设施或者没有中心线的道路上，机动车遇相对方向来车时应当遵守下列规定：

（一）减速靠右行驶，并与其他车辆、行人保持必要的安全距离；

（二）在有障碍的路段，无障碍的一方先行；但有障碍的一方已驶入障碍路段而无障碍的一方未驶入时，有障碍的一方先行；

（三）在狭窄的坡路，上坡的一方先行；但下坡的一方已行至中途而上坡的一方未上坡时，下坡的一方先行；

（四）在狭窄的山路，不靠山体的一方先行；

（五）夜间会车应当在距相对方向来车150米以外改用近光灯，在窄路、窄桥与非机动车会车时应当使用近光灯。

第四十九条 机动车在有禁止掉头或者禁止左转弯标志、标线的地点以及在铁路道口、人行横道、桥梁、急弯、陡坡、隧道或者容易发生危险的路段，不得掉头。

机动车在没有禁止掉头或者没有禁止左转弯标志、标线的地点可以掉头，但不得妨碍正常行驶的其他车辆和行人的通行。

第五十条 机动车倒车时，应当察明车后情况，确认安全后倒车。不得在铁路道口、交叉路口、单行路、桥梁、急弯、陡坡或者隧道中倒车。

第五十一条 机动车通过有交通信号灯控制的交叉路口，应当按照下列规定通行：

（一）在划有导向车道的路口，按所需行进方向驶入导向车道；

（二）准备进入环形路口的让已在路口内的机动车先行；

（三）向左转弯时，靠路口中心点左侧转弯。转弯时开启转向灯，夜间行驶开启近光灯；

（四）遇放行信号时，依次通过；

（五）遇停止信号时，依次停在停止线以外。没有停止线的，停在路口以外；

（六）向右转弯遇有同车道前车正在等候放行信号时，依次停车等候；

（七）在没有方向指示信号灯的交叉路口，转弯的机动车让直行的车辆、行人先行。相对方向行驶的右转弯机动车让左转弯车辆先行。

第五十二条 机动车通过没有交通信号灯控制也没有交通警察指挥的交叉路口，除应当遵守第五十一条第（二）项、第（三）项的规定外，还应当遵守下列规定：

（一）有交通标志、标线控制的，让优先通行的一方先行；

（二）没有交通标志、标线控制的，在进入路口前停车瞭望，让右方道路的来车先行；

（三）转弯的机动车让直行的车辆先行；

（四）相对方向行驶的右转弯的机动车让左转弯的车辆先行。

第五十三条 机动车遇有前方交叉路口交通阻塞时，应当依次停在路口以外等候，不得进入路口。

机动车在遇有前方机动车停车排队等候或者缓慢行驶时，应当依次排队，不得从前方车辆两侧穿插或者超越行驶，不得在人行横道、网状线区域内停车等候。

机动车在车道减少的路口、路段，遇有前方机动车停车排队等候或者缓慢行驶的，应当每车道一辆依次交替驶入车道减少后的路口、路段。

第五十四条 机动车载物不得超过机动车行驶证上核定的载质量，

装载长度、宽度不得超出车厢，并应当遵守下列规定：

（一）重型、中型载货汽车，半挂车载物，高度从地面起不得超过 4 米，载运集装箱的车辆不得超过 4.2 米；

（二）其他载货的机动车载物，高度从地面起不得超过 2.5 米；

（三）摩托车载物，高度从地面起不得超过 1.5 米，长度不得超出车身 0.2 米。两轮摩托车载物宽度左右各不得超出车把 0.15 米；三轮摩托车载物宽度不得超过车身。

载客汽车除车身外部的行李架和内置的行李箱外，不得载货。载客汽车行李架载货，从车顶起高度不得超过 0.5 米，从地面起高度不得超过 4 米。

第五十五条 机动车载人应当遵守下列规定：

（一）公路载客汽车不得超过核定的载客人数，但按照规定免票的儿童除外，在载客人数已满的情况下，按照规定免票的儿童不得超过核定载客人数的 10%；

（二）载货汽车车厢不得载客。在城市道路上，货运机动车在留有安全位置的情况下，车厢内可以附载临时作业人员 1 人至 5 人；载物高度超过车厢栏板时，货物上不得载人；

（三）摩托车后座不得乘坐未满 12 周岁的未成年人，轻便摩托车不得载人。

第五十六条 机动车牵引挂车应当符合下列规定：

（一）载货汽车、半挂牵引车、拖拉机只允许牵引 1 辆挂车。挂车的灯光信号、制动、连接、安全防护等装置应当符合国家标准；

（二）小型载客汽车只允许牵引旅居挂车或者总质量 700 千克以下的挂车。挂车不得载人；

（三）载货汽车所牵引挂车的载质量不得超过载货汽车本身的载质量。

大型、中型载客汽车，低速载货汽车，三轮汽车以及其他机动车不得牵引挂车。

第五十七条 机动车应当按照下列规定使用转向灯：

（一）向左转弯、向左变更车道、准备超车、驶离停车地点或者掉头时，应当提前开启左转向灯；

（二）向右转弯、向右变更车道、超车完毕驶回原车道、靠路边停车时，应当提前开启右转向灯。

第五十八条 机动车在夜间没有路灯、照明不良或者遇有雾、雨、雪、沙尘、冰雹等低能见度情况下行驶时，应当开启前照灯、示廓灯和后位灯，但同方向行驶的后车与前车近距离行驶时，不得使用远光灯。机动车雾天行驶应当开启雾灯和危险报警闪光灯。

第五十九条 机动车在夜间通过急弯、坡路、拱桥、人行横道或者没有交通信号灯控制的路口时，应当交替使用远近光灯示意。

机动车驶近急弯、坡道顶端等影响安全视距的路段以及超车或者遇有紧急情况时，应当减速慢行，并鸣喇叭示意。

第六十条 机动车在道路上发生故障或者发生交通事故，妨碍交通又难以移动的，应当按照规定开启危险报警闪光灯并在车后50米至100米处设置警告标志，夜间还应当同时开启示廓灯和后位灯。

第六十一条 牵引故障机动车应当遵守下列规定：

（一）被牵引的机动车除驾驶人外不得载人，不得拖带挂车；

（二）被牵引的机动车宽度不得大于牵引机动车的宽度；

（三）使用软连接牵引装置时，牵引车与被牵引车之间的距离应当大于4米小于10米；

（四）对制动失效的被牵引车，应当使用硬连接牵引装置牵引；

（五）牵引车和被牵引车均应当开启危险报警闪光灯。

汽车吊车和轮式专用机械车不得牵引车辆。摩托车不得牵引车辆或者被其他车辆牵引。

转向或者照明、信号装置失效的故障机动车，应当使用专用清障车拖曳。

第六十二条 驾驶机动车不得有下列行为：

（一）在车门、车厢没有关好时行车；

（二）在机动车驾驶室的前后窗范围内悬挂、放置妨碍驾驶人视线的物品；

（三）拨打接听手持电话、观看电视等妨碍安全驾驶的行为；

（四）下陡坡时熄火或者空挡滑行；

（五）向道路上抛撒物品；

（六）驾驶摩托车手离车把或者在车把上悬挂物品；

（七）连续驾驶机动车超过 4 小时未停车休息或者停车休息时间少于 20 分钟；

（八）在禁止鸣喇叭的区域或者路段鸣喇叭。

第六十三条 机动车在道路上临时停车，应当遵守下列规定：

（一）在设有禁停标志、标线的路段，在机动车道与非机动车道、人行道之间设有隔离设施的路段以及人行横道、施工地段，不得停车；

（二）交叉路口、铁路道口、急弯路、宽度不足 4 米的窄路、桥梁、陡坡、隧道以及距离上述地点 50 米以内的路段，不得停车；

（三）公共汽车站、急救站、加油站、消防栓或者消防队（站）门前以及距离上述地点 30 米以内的路段，除使用上述设施的以外，不得停车；

（四）车辆停稳前不得开车门和上下人员，开关车门不得妨碍其他车辆和行人通行；

（五）路边停车应当紧靠道路右侧，机动车驾驶人不得离车，上下人员或者装卸物品后，立即驶离；

（六）城市公共汽车不得在站点以外的路段停车上下乘客。

第六十四条 机动车行经漫水路或者漫水桥时，应当停车察明水情，确认安全后，低速通过。

第六十五条 机动车载运超限物品行经铁路道口的，应当按照当地铁路部门指定的铁路道口、时间通过。

机动车行经渡口，应当服从渡口管理人员指挥，按照指定地点依次待渡。机动车上下渡船时，应当低速慢行。

第六十六条 警车、消防车、救护车、工程救险车在执行紧急任务遇交通受阻时，可以断续使用警报器，并遵守下列规定：

（一）不得在禁止使用警报器的区域或者路段使用警报器；

（二）夜间在市区不得使用警报器；

（三）列队行驶时，前车已经使用警报器的，后车不再使用警报器。

第六十七条 在单位院内、居民居住区内，机动车应当低速行驶，避让行人；有限速标志的，按照限速标志行驶。

第三节 非机动车通行规定

第六十八条 非机动车通过有交通信号灯控制的交叉路口，应当按照下列规定通行：

（一）转弯的非机动车让直行的车辆、行人优先通行；

（二）遇有前方路口交通阻塞时，不得进入路口；

（三）向左转弯时，靠路口中心点的右侧转弯；

（四）遇有停止信号时，应当依次停在路口停止线以外。没有停止线的，停在路口以外；

（五）向右转弯遇有同方向前车正在等候放行信号时，在本车道内能够转弯的，可以通行；不能转弯的，依次等候。

第六十九条 非机动车通过没有交通信号灯控制也没有交通警察指挥的交叉路口，除应当遵守第六十八条第（一）项、第（二）项和第（三）项的规定外，还应当遵守下列规定：

（一）有交通标志、标线控制的，让优先通行的一方先行；

（二）没有交通标志、标线控制的，在路口外慢行或者停车瞭望，让右方道路的来车先行；

（三）相对方向行驶的右转弯的非机动车让左转弯的车辆先行。

第七十条 驾驶自行车、电动自行车、三轮车在路段上横过机动车道，应当下车推行，有人行横道或者行人过街设施的，应当从人行横道或者行人过街设施通过；没有人行横道、没有行人过街设施或者不便使用行人过街设施的，在确认安全后直行通过。

因非机动车道被占用无法在本车道内行驶的非机动车，可以在受阻的路段借用相邻的机动车道行驶，并在驶过被占用路段后迅速驶回非机动车道。机动车遇此情况应当减速让行。

第七十一条 非机动车载物，应当遵守下列规定：

（一）自行车、电动自行车、残疾人机动轮椅车载物，高度从地面起不得超过 1.5 米，宽度左右各不得超出车把 0.15 米，长度前端不得超出车轮，后端不得超出车身 0.3 米；

（二）三轮车、人力车载物，高度从地面起不得超过 2 米，宽度左右各不得超出车身 0.2 米，长度不得超出车身 1 米；

（三）畜力车载物，高度从地面起不得超过 2.5 米，宽度左右各不得超出车身 0.2 米，长度前端不得超出车辕，后端不得超出车身 1 米。

自行车载人的规定，由省、自治区、直辖市人民政府根据当地实际情况制定。

第七十二条 在道路上驾驶自行车、三轮车、电动自行车、残疾人机动轮椅车应当遵守下列规定：

（一）驾驶自行车、三轮车必须年满 12 周岁；

（二）驾驶电动自行车和残疾人机动轮椅车必须年满 16 周岁；

（三）不得醉酒驾驶；

（四）转弯前应当减速慢行，伸手示意，不得突然猛拐，超越前车时不得妨碍被超越的车辆行驶；

（五）不得牵引、攀扶车辆或者被其他车辆牵引，不得双手离把或者手中持物；

（六）不得扶身并行、互相追逐或者曲折竞驶；

（七）不得在道路上骑独轮自行车或者 2 人以上骑行的自行车；

（八）非下肢残疾的人不得驾驶残疾人机动轮椅车；

（九）自行车、三轮车不得加装动力装置；

（十）不得在道路上学习驾驶非机动车。

第七十三条 在道路上驾驭畜力车应当年满 16 周岁，并遵守下列规定：

（一）不得醉酒驾驭；

（二）不得并行，驾驭人不得离开车辆；

（三）行经繁华路段、交叉路口、铁路道口、人行横道、急弯路、宽度不足 4 米的窄路或者窄桥、陡坡、隧道或者容易发生危险的路段，不得超车。驾驭两轮畜力车应当下车牵引牲畜；

（四）不得使用未经驯服的牲畜驾车，随车幼畜须拴系；

（五）停放车辆应当拉紧车闸，拴系牲畜。

第四节 行人和乘车人通行规定

第七十四条 行人不得有下列行为：

（一）在道路上使用滑板、旱冰鞋等滑行工具；

（二）在车行道内坐卧、停留、嬉闹；

（三）追车、抛物击车等妨碍道路交通安全的行为。

第七十五条 行人横过机动车道，应当从行人过街设施通过；没有行人过街设施的，应当从人行横道通过；没有人行横道的，应当观察来往车辆的情况，确认安全后直行通过，不得在车辆临近时突然加速横穿或者中途倒退、折返。

第七十六条 行人列队在道路上通行，每横列不得超过 2 人，但在已经实行交通管制的路段不受限制。

第七十七条 乘坐机动车应当遵守下列规定：

（一）不得在机动车道上拦乘机动车；

（二）在机动车道上不得从机动车左侧上下车；

（三）开关车门不得妨碍其他车辆和行人通行；

（四）机动车行驶中，不得干扰驾驶，不得将身体任何部分伸出车外，不得跳车；

（五）乘坐两轮摩托车应当正向骑坐。

第五节　高速公路的特别规定

第七十八条　高速公路应当标明车道的行驶速度，最高车速不得超过每小时 120 公里，最低车速不得低于每小时 60 公里。

在高速公路上行驶的小型载客汽车最高车速不得超过每小时 120 公里，其他机动车不得超过每小时 100 公里，摩托车不得超过每小时 80 公里。

同方向有 2 条车道的，左侧车道的最低车速为每小时 100 公里；同方向有 3 条以上车道的，最左侧车道的最低车速为每小时 110 公里，中间车道的最低车速为每小时 90 公里。道路限速标志标明的车速与上述车道行驶车速的规定不一致的，按照道路限速标志标明的车速行驶。

第七十九条　机动车从匝道驶入高速公路，应当开启左转向灯，在不妨碍已在高速公路内的机动车正常行驶的情况下驶入车道。

机动车驶离高速公路时，应当开启右转向灯，驶入减速车道，降低车速后驶离。

第八十条　机动车在高速公路上行驶，车速超过每小时 100 公里时，应当与同车道前车保持 100 米以上的距离，车速低于每小时 100 公里时，与同车道前车距离可以适当缩短，但最小距离不得少于 50 米。

第八十一条　机动车在高速公路上行驶，遇有雾、雨、雪、沙尘、冰雹等低能见度气象条件时，应当遵守下列规定：

（一）能见度小于 200 米时，开启雾灯、近光灯、示廓灯和前后位灯，车速不得超过每小时 60 公里，与同车道前车保持 100 米以上的距离；

（二）能见度小于 100 米时，开启雾灯、近光灯、示廓灯、前后位灯和危险报警闪光灯，车速不得超过每小时 40 公里，与同车道前车保持 50 米以上的距离；

（三）能见度小于 50 米时，开启雾灯、近光灯、示廓灯、前后位灯和危险报警闪光灯，车速不得超过每小时 20 公里，并从最近的出口尽快驶离高速公路。

遇有前款规定情形时，高速公路管理部门应当通过显示屏等方式发布速度限制、保持车距等提示信息。

第八十二条　机动车在高速公路上行驶，不得有下列行为：

（一）倒车、逆行、穿越中央分隔带掉头或者在车道内停车；

（二）在匝道、加速车道或者减速车道上超车；

（三）骑、轧车行道分界线或者在路肩上行驶；

（四）非紧急情况时在应急车道行驶或者停车；

（五）试车或者学习驾驶机动车。

第八十三条　在高速公路上行驶的载货汽车车厢不得载人。两轮摩托车在高速公路行驶时不得载人。

第八十四条　机动车通过施工作业路段时，应当注意警示标志，减速行驶。

第八十五条　城市快速路的道路交通安全管理，参照本节的规定执行。

高速公路、城市快速路的道路交通安全管理工作，省、自治区、直辖市人民政府公安机关交通管理部门可以指定设区的市人民政府公安机关交通管理部门或者相当于同级的公安机关交通管理部门承担。

第五章　交通事故处理

第八十六条　机动车与机动车、机动车与非机动车在道路上发生未造成人身伤亡的交通事故，当事人对事实及成因无争议的，在记录交通事故的时间、地点、对方当事人的姓名和联系方式、机动车牌号、驾驶证号、保险凭证号、碰撞部位，并共同签名后，撤离现场，自行协商损害赔偿事宜。当事人对交通事故事实及成因有争议的，应当迅速报警。

第八十七条 非机动车与非机动车或者行人在道路上发生交通事故，未造成人身伤亡，且基本事实及成因清楚的，当事人应当先撤离现场，再自行协商处理损害赔偿事宜。当事人对交通事故事实及成因有争议的，应当迅速报警。

第八十八条 机动车发生交通事故，造成道路、供电、通讯等设施损毁的，驾驶人应当报警等候处理，不得驶离。机动车可以移动的，应当将机动车移至不妨碍交通的地点。公安机关交通管理部门应当将事故有关情况通知有关部门。

第八十九条 公安机关交通管理部门或者交通警察接到交通事故报警，应当及时赶赴现场，对未造成人身伤亡，事实清楚，并且机动车可以移动的，应当在记录事故情况后责令当事人撤离现场，恢复交通。对拒不撤离现场的，予以强制撤离。

对属于前款规定情况的道路交通事故，交通警察可以适用简易程序处理，并当场出具事故认定书。当事人共同请求调解的，交通警察可以当场对损害赔偿争议进行调解。

对道路交通事故造成人员伤亡和财产损失需要勘验、检查现场的，公安机关交通管理部门应当按照勘查现场工作规范进行。现场勘查完毕，应当组织清理现场，恢复交通。

第九十条 投保机动车第三者责任强制保险的机动车发生交通事故，因抢救受伤人员需要保险公司支付抢救费用的，由公安机关交通管理部门通知保险公司。

抢救受伤人员需要道路交通事故救助基金垫付费用的，由公安机关交通管理部门通知道路交通事故社会救助基金管理机构。

第九十一条 公安机关交通管理部门应当根据交通事故当事人的行为对发生交通事故所起的作用以及过错的严重程度，确定当事人的责任。

第九十二条 发生交通事故后当事人逃逸的，逃逸的当事人承担全部责任。但是，有证据证明对方当事人也有过错的，可以减轻责任。

当事人故意破坏、伪造现场、毁灭证据的，承担全部责任。

第九十三条 公安机关交通管理部门对经过勘验、检查现场的交通事故应当在勘查现场之日起10日内制作交通事故认定书。对需要进行检验、鉴定的，应当在检验、鉴定结果确定之日起5日内制作交通事故认定书。

第九十四条 当事人对交通事故损害赔偿有争议，各方当事人一致请求公安机关交通管理部门调解的，应当在收到交通事故认定书之日起10日内提出书面调解申请。

对交通事故致死的，调解从办理丧葬事宜结束之日起开始；对交通事故致伤的，调解从治疗终结或者定残之日起开始；对交通事故造成财产损失的，调解从确定损失之日起开始。

第九十五条 公安机关交通管理部门调解交通事故损害赔偿争议的期限为10日。调解达成协议的，公安机关交通管理部门应当制作调解书送交各方当事人，调解书经各方当事人共同签字后生效；调解未达成协议的，公安机关交通管理部门应当制作调解终结书送交各方当事人。

交通事故损害赔偿项目和标准依照有关法律的规定执行。

第九十六条 对交通事故损害赔偿的争议，当事人向人民法院提起民事诉讼的，公安机关交通管理部门不再受理调解申请。

公安机关交通管理部门调解期间，当事人向人民法院提起民事诉讼的，调解终止。

第九十七条 车辆在道路以外发生交通事故，公安机关交通管理部门接到报案的，参照道路交通安全法和本条例的规定处理。

车辆、行人与火车发生的交通事故以及在渡口发生的交通事故，依照国家有关规定处理。

第六章　执法监督

第九十八条　公安机关交通管理部门应当公开办事制度、办事程序，建立警风警纪监督员制度，自觉接受社会和群众的监督。

第九十九条　公安机关交通管理部门及其交通警察办理机动车登记，发放号牌，对驾驶人考试、发证，处理道路交通安全违法行为，处理道路交通事故，应当严格遵守有关规定，不得越权执法，不得延迟履行职责，不得擅自改变处罚的种类和幅度。

第一百条　公安机关交通管理部门应当公布举报电话，受理群众举报投诉，并及时调查核实，反馈查处结果。

第一百零一条　公安机关交通管理部门应当建立执法质量考核评议、执法责任制和执法过错追究制度，防止和纠正道路交通安全执法中的错误或者不当行为。

第七章　法律责任

第一百零二条　违反本条例规定的行为，依照道路交通安全法和本条例的规定处罚。

第一百零三条　以欺骗、贿赂等不正当手段取得机动车登记或者驾驶许可的，收缴机动车登记证书、号牌、行驶证或者机动车驾驶证，撤销机动车登记或者机动车驾驶许可；申请人在 3 年内不得申请机动车登记或者机动车驾驶许可。

第一百零四条　机动车驾驶人有下列行为之一，又无其他机动车驾驶人即时替代驾驶的，公安机关交通管理部门除依法给予处罚外，可以将其驾驶的机动车移至不妨碍交通的地点或者有关部门指定的地点停放：

（一）不能出示本人有效驾驶证的；

（二）驾驶的机动车与驾驶证载明的准驾车型不符的；

（三）饮酒、服用国家管制的精神药品或者麻醉药品、患有妨碍安全驾驶的疾病，或者过度疲劳仍继续驾驶的；

（四）学习驾驶人员没有教练人员随车指导单独驾驶的。

第一百零五条 机动车驾驶人有饮酒、醉酒、服用国家管制的精神药品或者麻醉药品嫌疑的，应当接受测试、检验。

第一百零六条 公路客运载客汽车超过核定乘员、载货汽车超过核定载质量的，公安机关交通管理部门依法扣留机动车后，驾驶人应当将超载的乘车人转运、将超载的货物卸载，费用由超载机动车的驾驶人或者所有人承担。

第一百零七条 依照道路交通安全法第九十二条、第九十五条、第九十六条、第九十八条的规定被扣留的机动车，驾驶人或者所有人、管理人 30 日内没有提供被扣留机动车的合法证明，没有补办相应手续，或者不前来接受处理，经公安机关交通管理部门通知并且经公告 3 个月仍不前来接受处理的，由公安机关交通管理部门将该机动车送交有资格的拍卖机构拍卖，所得价款上缴国库；非法拼装的机动车予以拆除；达到报废标准的机动车予以报废；机动车涉及其他违法犯罪行为的，移交有关部门处理。

第一百零八条 交通警察按照简易程序当场作出行政处罚的，应当告知当事人道路交通安全违法行为的事实、处罚的理由和依据，并将行政处罚决定书当场交付被处罚人。

第一百零九条 对道路交通安全违法行为人处以罚款或者暂扣驾驶证处罚的，由违法行为发生地的县级以上人民政府公安机关交通管理部门或者相当于同级的公安机关交通管理部门作出决定；对处以吊销机动车驾驶证处罚的，由设区的市人民政府公安机关交通管理部门或者相当于同级的公安机关交通管理部门作出决定。

公安机关交通管理部门对非本辖区机动车的道路交通安全违法行为没有当场处罚的，可以由机动车登记地的公安机关交通管理部门处罚。

第一百一十条 当事人对公安机关交通管理部门及其交通警察的处罚有权进行陈述和申辩，交通警察应当充分听取当事人的陈述和申辩，不得因当事人陈述、申辩而加重其处罚。

第八章 附则

第一百一十一条 本条例所称上道路行驶的拖拉机，是指手扶拖拉机等最高设计行驶速度不超过每小时 20 公里的轮式拖拉机和最高设计行驶速度不超过每小时 40 公里、牵引挂车方可从事道路运输的轮式拖拉机。

第一百一十二条 农业（农业机械）主管部门应当定期向公安机关交通管理部门提供拖拉机登记、安全技术检验以及拖拉机驾驶证发放的资料、数据。公安机关交通管理部门对拖拉机驾驶人作出暂扣、吊销驾驶证处罚或者记分处理的，应当定期将处罚决定书和记分情况通报有关的农业（农业机械）主管部门。吊销驾驶证的，还应当将驾驶证送交有关的农业（农业机械）主管部门。

第一百一十三条 境外机动车入境行驶，应当向入境地的公安机关交通管理部门申请临时通行号牌、行驶证。临时通行号牌、行驶证应当根据行驶需要，载明有效日期和允许行驶的区域。

入境的境外机动车申请临时通行号牌、行驶证以及境外人员申请机动车驾驶许可的条件、考试办法由国务院公安部门规定。

第一百一十四条 机动车驾驶许可考试的收费标准，由国务院价格主管部门规定。

第一百一十五条 本条例自 2004 年 5 月 1 日起施行。1960 年 2 月 11 日国务院批准、交通部发布的《机动车管理办法》，1988 年 3 月 9 日国务院发布的《中华人民共和国道路交通管理条例》，1991 年 9 月 22 日国务院发布的《道路交通事故处理办法》，同时废止。

图书在版编目（CIP）数据

道路交通纠纷：发生在你身边的 99 个真实案例 / 刘凝主编．—北京：中国法制出版社，2016.5

（不该忽略的法律常识）

ISBN 978-7-5093-7515-0

Ⅰ．①道…　Ⅱ．①刘…　Ⅲ．①交通运输事故－民事纠纷－案例－中国　Ⅳ．① D922.145

中国版本图书馆 CIP 数据核字（2016）第 093328 号

策划编辑：潘孝莉（editorwendy@126.com）

责任编辑：高惠娟（editorghj@163.com）　　封面设计：孙希前

道路交通纠纷：发生在你身边的 99 个真实案例

DAOLU JIAOTONG JIUFEN: FASHENG ZAI NI SHENBIAN DE 99 GE ZHENSHI ANLI

主编 / 刘　凝

经销 / 新华书店

印刷 / 三河市紫恒印装有限公司

开本 / 710 毫米 ×1000 毫米　16　　印张 / 16.5　字数 / 213 千

版次 / 2016 年 6 月第 1 版　　2016 年 6 月第 1 次印刷

中国法制出版社出版

书号 ISBN 978-7-5093-7515-0　　定价：39.80 元

北京西单横二条 2 号　邮政编码 100031

值班电话：010-66026508

传真：010-66031119

网址：http://www.zgfzs.com

编辑部电话：010-66010406

市场营销部电话：010-66033393

邮购部电话：010-66033288

（如有印装质量问题，请与本社编务印务管理部联系调换。电话：010-66032926）

不该忽略的法律常识 丛书

2015年度中国法制出版社重点“七五”普法套系，法律热点问题全发散，一网打尽所有可能遇到的法律问题！

THE LAW YOU CAN'T IGNORE

精品普法剧：真实案例生动再现
经 典 案 例 ：关联问题一网打尽
律 师 分 析 ：资深律师权威解答
法 条 链 接 ：维护权利有理有据

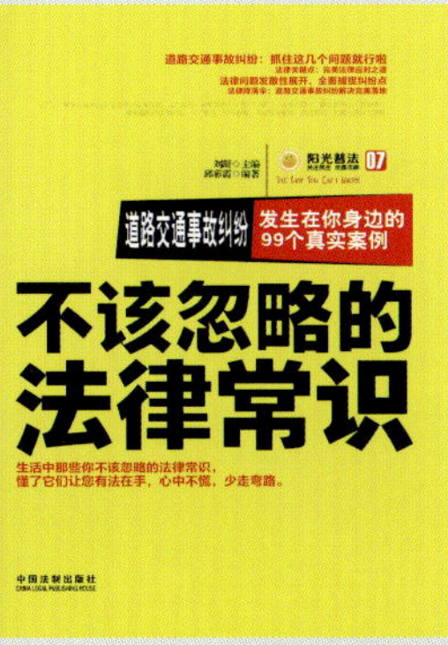

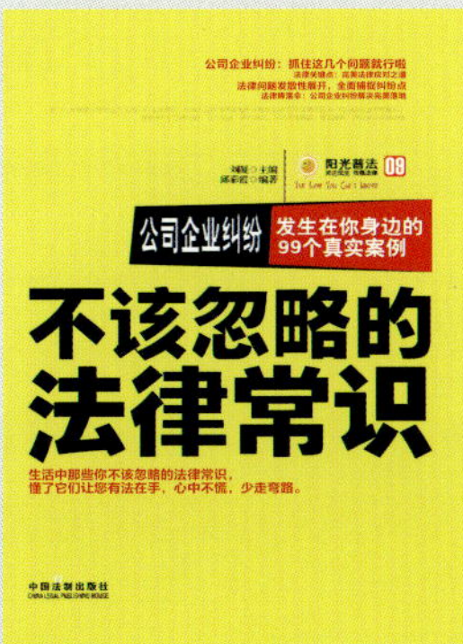

生活法律热线丛书

SHENGHUO FAL REXIAN CONGSHU
[六五普法实用版本]

精选"法治进行时"免费法律咨询热线常见法律问题，内容丰富、覆盖面广、图文并茂、方便实用

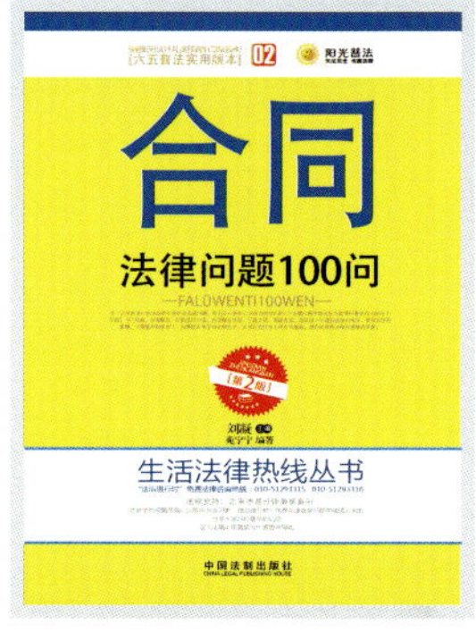

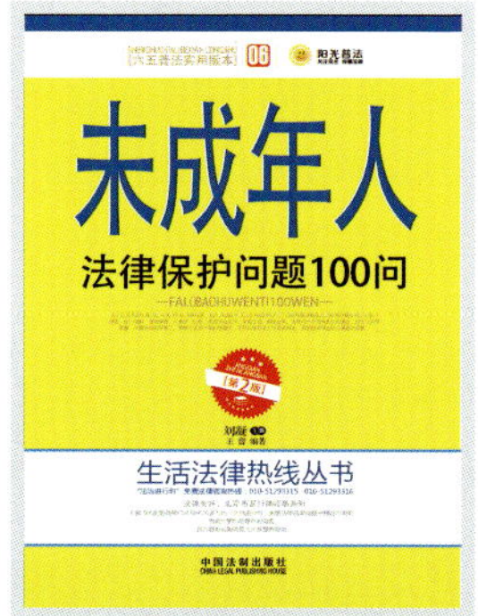

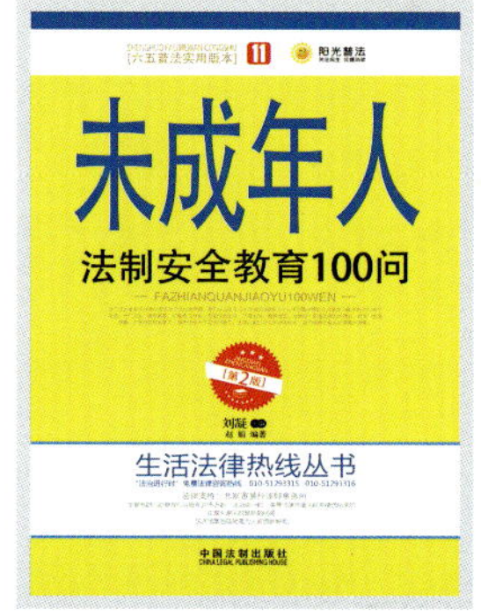